自治体の研修担当になったら読む本

池田一樹 [著]

学陽書房

はじめに

　本書は、自治体の研修担当者が**業務の基本を理解し、より効果的な研修を企画・運営できるようになるための実践ガイド**です。研修の意義や役割から、計画の立案、段取りや準備、本番の運営、研修後のフォロー、改善まで、現場で役立つノウハウを解説します。

　本書を手に取られた皆さんの多くは、研修担当として着任したばかりの方、または研修のブラッシュアップを目指している方ではないでしょうか。
　自治体職員にとって研修は、新規採用時や昇任時、政策転換等の節目を迎える時期、さらにはコンプライアンス上の問題が生じた際にも是正手段として受講が求められる、とても身近なものです。
　しかし、いざ研修を行う立場になると、身近なはずの研修がどこか遠いものに感じます。その大きな要因は、研修業務が定性的であり、目に見える成果がすぐには表れにくいことにあります。それまで他部署で担当してきた定量的な業務とは異なり、**明確な「正解」がないため、まるで霧の中を手探りで進むような感覚に陥る**ことが少なくありません。
　しばらくして研修業務に慣れてきた人でも、「研修のノウハウが属人的で、組織的な形式知として体系的に整理されていない」「例年どおりの研修をやることに意味があるのだろうか」などの疑問を抱き、自分の仕事に自信が持てずに苦しんでいるかと思います。

　本書では、そんな研修担当者が安心して実務を進められるように、必要な理論と実践的な手法をわかりやすくまとめました。**研修に初めて携わる方がスムーズに業務を進められるように、また、研修に慣れた方が「例年どおりの研修」から脱し、より効果的な研修を企画・運営できるように**、段階を追って詳しく解説しています。

　近年、社会は急速に変化し、複雑で予測困難な「VUCA時代」に突入しています。このような環境の中で、自治体職員には、状況の変化を敏感に察知し、自ら学び成長する力が求められています。同時に、限ら

れたリソースの中で効率的に知識やスキルを伝播させる必要があり、研修の重要性はますます高まっています。

　一方で、自治体の財政状況は厳しく、研修の外部委託が難しくなり、職員自身が講師を務めるケースが増えています。また、近年は国家公務員ですら「ブラック霞が関」と呼ばれ、給与制度や働き方を背景に退職率が上昇しています。同様に、**自治体でも人材確保・定着は大きな課題**となっています。給与改定などの制度的対応が難しい中、職員のキャリアパス構築や学習機会の提供が人材確保の鍵となっており、研修の果たす役割はより重要になっています。

　こうした背景のもと、各自治体では人事部門（人事課、職員課、総務課等）に研修担当者を配置し、職員向けの研修を企画・運営しています。しかし、自治体における研修実務に関する実践的なガイドブックはほとんどなく、担当者は「何を学ぶべきか」「どのように体系的に研修を企画すべきか」に悩むことが少なくありません。結果として、本来目指すべき職員の成長や組織の活性化という目的が曖昧なまま、首長等にトップダウンで指示された研修を実施することも少なくありません。

　私は、全国の自治体の研修担当者有志によって発足した「全国職員研修研究会」での活動を通じ、横のつながりを活かした情報交換・勉強会を行ってきました。本書では、こうした経験を基に、実務に直結する具体的なノウハウをまとめています。また、**研修担当者が悩みがちな最新の人事トレンドとの向き合い方や、研修の目的達成に向けたアプローチ、効果測定の方法についても**解説しています。

　本書が、研修担当者の皆さんにとって実務の指針となり、「研修担当の仕事は面白い！」と思えるきっかけになれば幸いです。

　なお、本書の内容は著者の個人的な見解であり、所属する団体の見解ではないことを申し添えます。

令和7年3月

池田　一樹

自治体の研修担当になったら読む本 ● 目次

はじめに …………………………………………………………… 2

第1章 研修担当の仕事へようこそ

- 1-1 研修担当の仕事って？ ……………………………………… 8
- 1-2 そもそも研修って何？ ……………………………………… 15
- 1-3 人材育成とは何か？ ………………………………………… 20
- 1-4 研修担当に欠かせない3つの力 …………………………… 24

第2章 まずはここから！研修企画の基本

- 2-1 研修で解決したい課題を考える …………………………… 30
- 2-2 研修方法を検討する ………………………………………… 34
- 2-3 メインコンテンツを検討する ……………………………… 38
- 2-4 研修デザインを見える化する ……………………………… 44
- 2-5 研修の基礎理論を知っておく ……………………………… 49

第3章 段取りが8割！研修準備のコツ

- 3-1 会場の下見とセッティング …………………… 52
- 3-2 研修に必要なものを考える …………………… 56
- 3-3 受講生への周知と募集 ………………………… 59
- 3-4 講師接遇は抜かりなく行う …………………… 62
- 3-5 資料配付の抜け・漏れは御法度 ……………… 65
- 3-6 PowerPointによる資料作成のコツ ………… 68

第4章 いざ本番！研修実施のポイント

- 4-1 心理的安全性を確保するオープニング ……… 74
- 4-2 序盤——受講生の動機づけ …………………… 78
- 4-3 中盤①——講義のテクニック ………………… 82
- 4-4 中盤②——グループワークのテクニック …… 87
- 4-5 終盤——内省を促す …………………………… 90

第5章 忘れずに！研修実施後のフォロー・アンケート

- 5-1 アンケートだけじゃない！　研修後にもできること … 94
- 5-2 アンケートのテクニック ……………………… 97
- 5-3 アクションプラン作成のテクニック ………… 101
- 5-4 ヒアリングのテクニック ……………………… 105

- 5-5　受講後の声を分析し、効果測定する …………… 108

第6章　次に活かす・つなげる！研修改善のツボ

- 6-1　研修をイベントとしないために …………………… 114
- 6-2　研修のPDCAサイクル ……………………………… 118
- 6-3　研修報告書を作成する ……………………………… 122
- 6-4　受講生が所属する部署は変わったか ……………… 126
- 6-5　改善ポイントを考える ……………………………… 130
- 6-6　次年度の予算を立てる ……………………………… 136

第7章　学び続ける！研修担当の仕事術

- 7-1　人材育成をトータルで考える ……………………… 142
- 7-2　教育体系の基本を知る ……………………………… 147
- 7-3　人材育成のトレンドをつかむ ……………………… 153
- 7-4　人的ネットワークを構築する ……………………… 160
- 7-5　内部講師を育てる・外部講師を見つける ………… 164
- 7-6　積極的に他部署へ頭を下げる ……………………… 169
- 7-7　研修受講で視野を広げる …………………………… 174

参考文献・ブックガイド …………………………………… 178

おわりに ……………………………………………………… 182

第 **1** 章

研修担当の仕事へようこそ

1 ◎…研修担当の仕事って？

▶▶ 研修担当の仕事とは

　自治体職員で、研修をまったく受けたことがない、という人はいないでしょう。その方法や内容、期間はさまざまですが、どこの自治体でも必ず新規採用職員研修が行われています。その他にも、一定の経験がある職員であれば、何かしらの研修を受講した経験があるはずです。

　そんな皆さんは、研修を担当する側の職員になりました。研修を受ける側から、研修を企画し、運営する側になった皆さんに、本章では、「ようこそ！」の想いでエールを贈るとともに、実務の考え方・進め方をお伝えしていきます。

　さて、一口に「自治体の研修担当」と言っても、さまざまなものがあります。

　まず思い浮かぶのは、組織全体の人材育成を担う人事部門の研修担当でしょうか。加えて、例えば税務部門、都市計画部門など、各部門の主幹課で研修担当を担う方もいます。最近では、DX推進部門の研修担当の方もいるでしょう。それぞれ、求められている役割もさまざまです。

　組織全体の人材育成を担う所属部署に配属された場合でも、自治体の規模、研修所の有無、事業委託の有無、広域連合による横断的な研修の実施等、全国1,788の自治体で研修実施の方法も異なります。

　しかし、**所属組織や研修実施の方法にかかわらず**、「**研修担当となったらまずはココを押さえるべき！**」という、**全研修に共通する3つの仕事**があります。本書では、これらを各章に割り振ってノウハウを紹介しますが、まずはその概要をお伝えしましょう。

①**研修企画**

　研修の目的を達成するため、「いつ」「どんな取組みを」「誰に実施すると」、どれだけ**研修効果が高まるのかを考え、具体化する仕事**です。

　研修企画の仕事は、当日だけでなく、研修の前後に何をするかを考えることも重要です。2007年にアメリカ・ウエストミシガン大学教授のロバート・ブリンカーホフは「4：2：4の法則」を発表しました。

図表1-1　4：2：4の法則

（研修の影響度）

研修前	研修	研修後
4割	2割	4割

　これは、研修効果に影響を与える要素の割合を表したものであり、研修当日の資料やグループの振り分け等は研修全体の2割にしか影響を与えられず、**研修前後の取組みが研修全体の8割に影響を与える**ことを表しています。そこで本書では、「研修前後の仕掛け」にも着目しながら、効果的な研修を企画するためのポイントを解説します。

②**研修運営**

　研修の運営は、会場準備、移動手段確保、実施要領・指名通知の作成、受講生管理等の**ロジスティックス業務**（いわゆる「ロジ」）と、講師接遇や受講生へのサポートを行う**対人業務**に大別されます。ロジは定型的であり、コツを押さえれば難しいものではありません。しかし、研修の合間に大量のロジが集中することが多く、短時間で正確な仕事が求められます。このため、その注意点やミスを少なくするためのコツ等をお伝えします。

　一方、対人業務にはあまり決まった型がありません。相手に応じて適切なコミュニケーションを取りながら、研修担当として実現可能な範囲内で最適解を導き続ける必要があります。単純明快な答えがない領域ではありますが、私の経験から「こうしておくと問題になりにくい」ポイ

ントを紹介します。

③効果測定

　効果測定とは、設定した数値目標等を何らかの手段により測定して効果を検証・評価することであり、具体的にはアンケートによる満足度や活用度の調査、テストによる知識の理解度の確認等がなされます。

　端的にいえば、「**研修により何人の受講生の・何が・どれくらい変わったの？**」という問いに答えを用意する仕事です。

　研修企画が「研修の入口」であれば、効果測定は「研修の出口」であり、「次の研修の入口」でもあります。研修企画の時点で適切な効果測定が設定できていれば文句なしですが、研修を行いながら、次回の研修企画に向けて効果測定の微調整を重ねることもよくあります。効果測定の手法としてよく用いられる理論を簡潔にお伝えしたうえで、「**やりっぱなし研修**」を避ける効果測定の手法をお伝えします。

　これら①〜③を中心とする研修担当の業務フローは、図表１−２のとおりです。

▶▶ 伝える・変える・つなぐ──担当者に求められる3つのこと

　上記で紹介した３つの仕事を通じて、研修担当には、３つのことが求められています。

①「伝える」こと

　受講生の能力向上のため必要な知識や経験を伝えることです。単に伝えるだけであれば、通知や事務連絡で事足ります。あえて研修を実施する必要性、つまり、**伝播させる速度や習得度を担保するなどの組織目的を実現する**ため、研修担当は受講生に効率的かつわかりやすく伝えることが求められます。

②「変える」こと

　受講生の行動を変える、ひいては組織を変えることです。首長をはじ

図表1-2 研修担当者の業務フロー

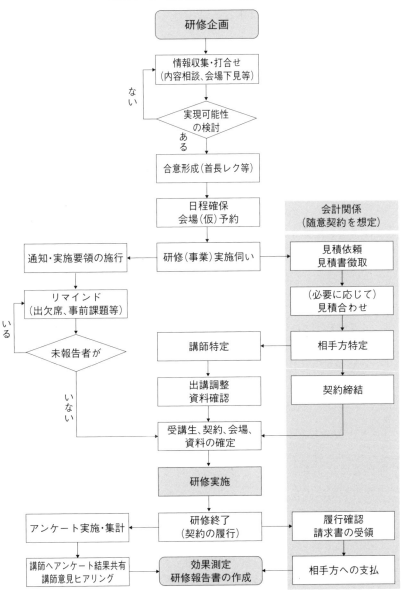

めとした行政経営者が、**仕事のやり方や組織風土（価値観や倫理観）を変ようとする場合、研修は事実上唯一の選択肢**となります。よって、研修担当は組織を変える一員として、その背景にある環境の変化、行政経営理念（「理念」の他、「戦略」「方針」「プラン」等、名称は自治体による）、人事戦略等の理解を深めることが重要です。

③「つなぐ」こと

何をつなぐか、それは「人と人」です。研修に参加するにあたって、受講生は、**受講生同士や講師と受講生の交流・人的ネットワーク構築を**期待しています。新型コロナウイルス感染症の影響により、今まで以上に研修担当に人と人をつなぐ役割が求められるようになりました。特に新規採用職員研修は、同期を知る唯一無二の機会であり、自治体職員としての必要な教育を行うだけでなく、横のつながりを構築することが重要視されます。

▶▶ 研修担当の仕事は、マネジメントを学ぶチャンス

皆さんは研修担当になる前、どんな業務を担当していましたか？

私は、税務課課税係（軽油引取税担当）として、国税犯則取締法や地方税法等の法令を実際の事例に適用し、課税する仕事をしていました。

研修担当になって一番困惑したのが、行政経営理念等や人材育成基本方針といった抽象度の高いものを研修として具体化していくにあたり、法令のように「カッチリ」と決まったものがなかったことです。それまでは法令や過去の事例を拠りどころに業務をこなしていけばよかったのですが、突然幅広い裁量が認められ、航路の見えない大海原へ放り込まれた不安がありました。

しかし、見方を変えれば後進の育成、つまり人材育成というマネジメント層の仕事を担当できるようになったともいえます。マネジメント層の仕事は、業務管理や、首長の考えを翻訳・伝達するだけでなく、人材育成が大きなウェイトを占めます。1on1（部下と1対1で定期的に行うミーティング）を重ねて部下を支援する伴走型人材育成もありますが、

効率的な人材育成手段である研修を学ぶことで、後々のマネジメント層としての仕事のクオリティ向上につながります。

つまり、研修担当の仕事を担当することは、法令に基づいて確実に処理をしていく仕事から、**人を見て・人を育てる仕事へチェンジする**、マネジメントスタートのタイミングであるともいえます。

▶▶ 研修担当の1年

研修担当の仕事は、担当する個別具体の研修について、①研修実施、②効果測定、③研修企画の①〜③を繰り返していくことです。

もう少し広い視野で見ると、研修担当の1年は4月から9月末までが当年度の研修実施、10月から3月末までが来年度の研修企画から構成されます。

スケジュールが立てられない仕事としては、企画政策部門や行政経営部門等、首長に近く、庁内の司令塔的な役割を担う部署の要請から、突発的に実施する研修が挙げられます。年度の後半は、突発的な仕事の飛び込みをにらみ、研修部署全体で余裕を持った研修計画をスケジュール立てていく必要があります。議会時期等、各自治体により状況が異なるところですが、研修担当の1年を概観してみましょう。

4月は繁忙期で、新規採用職員研修をはじめとした新年度に必要な研修が実施されます。新たに研修担当となった方は、全体像がわからないまま業務をこなすため、不安に思うことでしょう。しかし、安心してください。その研修は前任者たちが前年度にしっかり準備した研修ですから、まずは「習うより慣れよ」の気持ちで研修をやり遂げてください。

5月から9月までは、研修実施と効果測定が入り混じる時期です。特に7・8月は、議会閉会やお盆期間により職員の手が空きやすくなるため、多くの研修が実施される第二の繁忙期とされています。この時期にアンケート調査等の効果測定を初めて実施する場合は、所属部署のKPI（重要業績評価指標。研修担当の場合は「研修活用度」等）を忘れずに測定しましょう。

10月からは、来年度予算要求に向けて企画が本格化します。自治体

図表1-3　研修担当の1年（例）

業務＼月	4月	5月	6月	7月	8月	9月	10月	11月	12月	1月	2月	3月
研修実施	新規採用／OJTメンター／eラーニング／自己啓発	部長級課長級	階層別／スキルアップ系								定年前	
次年度企画	アンケート分析			企画検討	首長・部長すり合わせ	予算化／業者選定				会場予約／移動手段確保		引継ぎ
予算要求				研修具体化		参考見積徴取	見積書提出	財政課協議／係数整理	査定		予算案公表	予算成立

によって予算要求の方法は異なりますが、財政担当課からは、①目的、②対象者、③費用、④効果の4項目を具体的に問われるため、しっかり準備しておきましょう。

11月からは、予算要求に併せて次年度の研修内容を詰めていきます。

特に4月になってすぐに実施する新規採用職員研修の内容は、首長の意向や教育すべき事項が盛り込まれているか、十分に内容を練る必要があります。

翌年1月以降は、会場と公用車の予約を行います。もちろん、予約は早ければ早いほどよいです。研修施設を所有していない場合は、本庁や支所の講堂や会議室が予約できなかった場合に備え、生涯学習センター等の単独現地機関が利用可能か確認しておくと安心です。研修施設を所有している場合は、同日に開催する他の研修との重複状況や演習室が不足していないかに留意してください。

3月は人事異動のシーズンです。自分は異動対象ではなかったとしても、各研修の担当者が変わることは大いにあります。約半年前から準備してきた研修が失敗しないよう、後任が困らないよう、引継ぎの準備をしておきましょう。特に外部講師との調整や受講者の参加状況は引継ぎがうまくいかないと研修実施に支障をきたすため要注意です。

12 ◎…そもそも研修って何？

▶▶ 地方公務員法上の研修とは

　「研修」の定義はあいまいです。研修と銘を打っていても、中身は出張報告会や政策発表会だった、ということもよくあります。

　議会答弁や予算要求、次年度の研修企画資料を作成する際などに、研修の定義や区分に悩んで時間を無駄にしないよう、ここで研修について確認しておきましょう。

　地方公務員法では、39条１項において、「職員には、その勤務能率の発揮及び増進のために、研修を受ける機会が与えられなければならない」と規定されていますが、明確な定義は示されていません。

　橋本勇著『新版 逐条地方公務員法〈第５次改訂版〉』では、「能力開発の基本は自律的な研究、研鑽、修養（自己研修）でなければならないのであるが、このことは、職員自身の内面的、倫理的な発意と意欲にかかわる問題であるため、とくに法律で規定されていない」とされています。

　広義の研修には職員が独自に行う自己研鑽、自己啓発も含まれるため、**「自治体が職員の勤務能率の発揮及び増進を目的として受講させるもの」**を地方公務員法上の研修と定義できそうです。したがって、単なる報告会でも職員の勤務能率の増進に寄与している場合は、研修と名乗っても差し支えはありません。しかし、中身や手段が多岐にわたるものを一括して研修と定義づけてしまうと、受講生が受けたい研修と組織が行いたい研修の間に認識のずれが生じてしまいます。

　研修という言葉に踊らされないよう、本書ではシンプルに**「受講生の行動を変えるもの」**と定義づけ、話を進めていきたいと思います。

研修は4つのものさしで分類できます

　複数の研修を横並びに比較するときは、**研修の「ものさし」**が必要です。
　研修担当は民間企業や他自治体の研修計画等から情報収集を行いますが、同じ名称の研修でも中身が異なるため参考にできない、逆に異なる名称の研修でも内容が近いため参考にできる、といったことが多々あります。
　自治体に限らず、研修は多種多様であり、その分類も学派や実践者によりさまざまです。しかし、「ものさし」として使うのであれば、①**対象者**、②**場所**、③**開催手法**、④**研修主体**の4つの分類で十分です。

対象者による分類（階層別研修、指名研修）

　研修を比較するときは、はじめに対象者を確認するのがお勧めです。
　A市の中堅職員研修の対象は採用7年目職員、B市の中堅職員研修の対象者は採用10年目職員と、対象者が異なるために、せっかく収集した情報が使えず徒労に終わることがあります。
　私自身、係長級を対象とした研修を分析するとき、主任主事を対象とした研修を見落とした苦い経験がありました。当時は「係長級職員に必要な能力・スキル」を比較するため、新任係長を対象とした研修に絞って情報収集をしました。ところが、自治体によっては係長に必要な能力・スキルを昇任前と昇任後に分けて研修しており、前提条件に不備があったのです。そこで、係長昇任前の研修を探すため、今度は「係長昇任前研修」や「主査研修」をキーワードに情報を集めました。しかし、この際も分類の範囲が不十分で、主任主事や筆頭主事を対象とした研修に、係長級に必要な能力・スキルを扱った内容が含まれる場合があることを見落としてしまったのです。結局、二度手間どころか三度手間になってしまいました。
　研修を対象者で分類するときは、①階層別研修、②指名研修、③公募型研修の3つに分類するとすっきり整理できます。
　なお、人事課等の人材育成部署が全職員に一般的な内容で行う研修を

一般研修、それ以外の部署が専門的な内容で行う研修を専門研修と呼びます。しかし、一般研修と階層別研修、専門研修と指名研修が対象者で重複することが多く表記ゆれがあるため、本書ではひとまとめにしています。

①階層別研修

組織目標を達成するために、昇任や勤続年数を条件として全員一律に受講させる研修です。具体的には、新規採用職員研修、新任係長研修、部局長研修等を指します。

②指名研修

特定の目的を達成するために選別した職員を個別に指名して受講させる研修です。教育担当者研修、政策形成研修、幹部養成研修等があります。

③公募型研修

職員一人ひとりの自律的な学びを支援するため、対象者を限定せず、公募により特定のスキルアップを図る研修です。職員が希望する研修に申し込み、受講します。クリティカルシンキング研修、プレゼンテーション研修、法務能力向上研修、語学力向上研修等を指します。

▶▶ 場所による分類（OJT と Off-JT）

続いて場所による分類です。皆さんも OJT（On the Job Training）と Off-JT（Off the Job Training）という言葉を聞いたことがあるのではないでしょうか。場所に注目すると、OJT は職場内研修、Off-JT は、職場外研修と言い換えることができます。

OJT は仕事を通じて、職務に必要な知識やスキルを上司や先輩等が指導・育成していくことであり、代表的例として部下指導、メンター・OJT トレーナー制度、職場勉強会が挙げられます。それに対し、Off-JT は職場や担当業務から離れて受ける研修全般を指します。

この２つを比較すると、**OJT は投入経費と研修効果が見えにくく、**

Off-JTは職場に少なくない負担が生じるという特性があります。特にOJTは職場内教育であるため、上司や同僚の知識、経験、協力等が重要です。研修担当としてOJTを選択する際は、職場で受け入れてもらうためにも、まずは上司へOff-JTを実施しましょう。新しい取組みを各職場に受け入れてもらうためには、**キーパーソンになる職場内の上司に職場外研修を実施して制度理解と動機づけを丁寧に行う必要があるの**です。

最近は新型コロナウイルス感染症の影響により、いつでもどこでも受けられるeラーニングが発展し、職場内でも業務から離れて研修が受講できるようになりました。場所による分類に悩む場合は、次に説明する開催手法による分類を優先して活用してください。

▶▶ 開催手法による分類（集合研修とオンライン研修）

開催手法による分類は、受講生が研修会場に集まる集合研修、オンライン会議や通信アプリ等により行われるオンライン研修、集合研修とオンライン研修を組み合わせたハイブリッド研修の3つに大別されます。

集合研修は、メインコンテンツにより「講義型」「演習型」「課題解決

図表1-4　集合研修の4分類

講義型	講師による一方通行の講義で知識を与える研修
演習型	演習を通じて経験を重ね、自分ごと化を図る研修
課題解決型	課題解決を図る過程で企画能力等の向上を図る研修
対話型	自由な対話により新たな気づきを得る研修

図表1-5　オンライン研修

リアルタイム研修	オンライン会議アプリ等で指定された日時に開催され、お互いの顔や声を確認しながら双方向の対話ができる研修
eラーニング	研修期間内ならいつでも・どこでもインターネット環境で一方通行の講義を視聴可能で受講生の学習管理ができる研修
動画視聴	自治体の共有サーバやDVD等により共有され、受講生の学習管理ができない研修

型」「対話型」の4種類に、オンライン研修は「リアルタイム研修」「eラーニング」「動画視聴」の3つに細分できます。

▶▶ 研修主体による分類（内製研修と外部研修）

　最後は研修主体による分類です。自治体が開催する研修を内製研修、研修業者等が開催する研修を外部研修といいます。

　狭義の内製研修は外部講師が一切入らない研修を指しますが、一部だけ外部講師を招くものや外部委託するものも内製研修と呼ぶ場合があります。

　外部研修は自治大学校などの中央研修機関や民間の研修業者の研修に参加するものを指します。内製研修では組織内から講師を探すことや研修技術の教育が生じる点が、外部研修では費用や組織内の諸制度になじみにくい点が課題として挙げられます。

　最近の傾向として、**人口減少に伴う予算規模縮小により内製研修が増加している現状**があります。内製研修は低費用で講師を務める職員も学びがあるなどのメリットがありますが、職員の業務負担が増えるデメリットもあります。事実上の選択肢が内製研修しかない場合の注意点や外部研修における外部講師との調整方法等は、第3章でお伝えします。

1-3 ◎…人材育成とは何か？

▶▶ 自治体にとっての目的と効果

　人口減少が急速に進む中、自治体が行政サービスを提供し続けるためには、優秀な職員の確保に努めるとともに、職員一人ひとりが最高のパフォーマンスを発揮することが求められます。そのためには、自治体が魅力的な職場になることはもちろん、自治体が求める職員像に向けて職員を育てること（人材育成）が重要です。自治体が求める職員像は、各自治体の人材育成基本方針で明らかにされています。

　なぜ、自治体は税金や時間のコストをかけて人材育成するのでしょうか。「組織を回すため」と言ってしまうのは簡単ですが、それは短期的な視点です。自治体にとっての人材育成の目的は、人材育成基本方針等で求める職員の育成により経営戦略を遂行し、行政経営理念等に掲げる目的・目標を実現することです。

　人材育成基本方針、経営戦略、行政経営理念等はトップである首長の思いがぎっしり詰まったものです。つまり、**住民が選んだ首長の思いを理解し、実現するために行動できる職員を育てること**が自治体の人材育成です。

　人材育成を行うことで、自治体側にはさまざまな効果が見込めます。行政経営理念等に掲げられた、組織が「求めること」を職員に伝達・浸透できるほか、職員同士の顔をつなげ、横断的な相互交流・協力体制の構築に寄与できます。さらに、行政改革の視点に立てば組織・職場を活性化し、職場風土の改革を促すことも期待できます。

▶▶ 職員にとっての目的と効果

　職員にとっての人材育成の目的は、**職員一人ひとりのキャリアプランを踏まえつつ、職務遂行能力を向上させること**です。

　職員は職務遂行に必要な能力を習得したとき、人材育成施策に対して満足感を覚えます。そして能力習得を重ねていくと、「自分がなりたい姿」を意識したキャリア開発を考える時期が訪れます。この時期に研修によって課題解決を経験し、他の職員から多角的な視点を得ることで、公務員としても人間的にもさらなる成長が期待できます。特に他の職員との交流は、業務の情報交換、切磋琢磨できる仲間づくり、自己啓発意欲の喚起など、人材育成上で大きなメリットがあります。

▶▶「人材育成基本方針」は研修実施の拠りどころ

　職員から「なぜ研修を受講しなければならないのか」と問われたとき、皆さんはどのように答えるでしょうか。

　一般的には、各研修の目的を丁寧に伝え、自分の経験から研修の有用性を答えるのではないでしょうか。しかし、中には法的根拠や強制力を示すよう求める職員もいます。こうした場合、研修担当は「人材育成基本方針を実現するため」と答えるしかありません。私たちがすべての研修を実施する理由となる、最後の拠りどころが人材育成基本方針なのです。

　人材育成基本方針は、自治体が人材育成を効果的に進めていくため首長のリーダーシップのもと策定する人材育成に関する基本方針です。地方分権の流れを受け、「地方自治・新時代に対応した地方公共団体の行政改革推進のための指針」（平成9年11月14日付け自治整第23号）において、その策定が求められました。

　総務省「人材育成等に関する調査結果（令和5年4月1日時点）」によると、1,788の自治体のうち、95.6％（1,710）の自治体が策定しています。しかし、57.8％（721）の自治体が人材育成基本方針を策定した平成9年以降に一度も改定していないため、残念ながら形骸化した基本方針のもとで何となく研修を実施している自治体もありそうです。

人材育成基本方針のほかに、「研修に関する基本的な方針」もあります。こちらは、「研修計画」や「研修概要」等と言ったほうがわかりやすいかもしれません。研修に関する基本的な方針は、地方分権の進展に伴って複雑高度化する住民ニーズに対応するため、平成16年の改正を経て地方公務員法39条3項の規定により策定が義務付けられています。
　この2つの方針は、研修に関する基本的な方針が中心で、それを「人材育成基本方針」が取り巻くといった関係になっています。

▶▶▶ 人材育成基本方針の構成

　人材育成基本方針は、概ね、①**求める職員像**、②**果たすべき役割**、③**必要な能力・行動**、④**個別取組事例**の4つで構成されます。定期的な改定がなされている場合は、過去の取組事例やその改善点なども盛り込まれます。
　長野県の人材育成基本方針である長野県職員育成基本方針（平成31年3月策定）を例に、どんな点に注意すべきかお伝えしましょう。
　はじめに「求める職員像」ですが、長野県は「外部環境の変化を自ら分析し、自律的に行動する職員」としています。これは、当時の長野県総合5か年計画の策定、行政経営理念及び行政経営方針の改定などを踏まえて改定したものです。すべての研修が、この職員像に帰結します。
　続いて、果たすべき役割及び必要な能力・行動として、職員一人ひとりが行動指針（責任、協力、挑戦）を意識し、管理監督者は「職員に多様な経験を与え、気付きを促し、部下の成長を支援する」ことで職員が「県職員としての夢を描き、成長のために学び続ける」ことを目指しています。また、全職員に必要な能力として「共感力、政策力、発信力」を掲げており、この3つの力を高めるために研修を実施するのだと理由付けができます。
　最後に個別取組事例として、長野県は現状分析から3つの課題を特定し、それぞれの解決策として個別具体的な施策を挙げています。新型コロナウイルス感染症の影響もあり、まだ道半ばですが、全力で取り組んでいるところです。

図表1-6　長野県職員育成基本方針

概要版

長野県職員育成基本方針

平成31年3月策定

目指す姿

「学ぶ県組織」

行政経営理念のミッションの実現に向けて効果的に行動するため、①職員個々が主体的に学び続けるとともに、②集団としての意識と能力を継続的に高め、伸ばし続ける組織

【職員像】　外部環境の変化を自ら分析し、自律的に行動する職員
【求められる能力】　共感力　政策力　発信力

職員の取組

行動の指針
責任 Commitment
協力 Cooperation
挑戦 Challenge

成長のための行動
県職員としての夢を描き、成長のために学び続ける
学びとは「経験 → 気付き → 振り返り → 改善」のサイクル

管理監督職員の役割
多様な経験を与え、気付きを促し、部下の成長を支援する

組織の取組（主なもの）

1　一人ひとりの主体的なキャリア開発の支援、多様な成長機会の提供

(1) 成長に向けた「対話」の充実
・人事・評価面談の充実による成長方向のすり合わせ
・**各職場が求める人材像やキャリアパスの明確化**
・キャリアデザイン支援のための研修の実施
・育成型人事評価の実施（**チャレンジを評価**する仕組み）

(2) 成長のための「学び」の支援
・基礎的スキル修得のための必修研修の充実と人事・評価面談を踏まえた選択研修の受講推奨
・**政策力向上**に向けた研修の充実
・**海外研修**（短期派遣、海外自主研修）の実施
・主体的な学び（資格取得、大学院修学等）への支援

(3) 成長する「機会」の充実
・多様な職員の採用による組織の活性化
・人事異動サイクルの見直し
・市町村や民間企業等との人事交流の充実
・幹部育成のための**早期登用**と高度な業務経験の付与
・**高度な専門性**を備えた人材の育成

2　管理監督職員のマネジメント力向上の支援

・標準的なマネジメント行動の明確化
・**マネジメント研修**の充実
・中堅職員のマネジメント経験の充実
・マネジメント力の自己評価、部下等からの多面観察フィードバック

3　多様なキャリアや働き方を実現できる環境の構築

・育休取得者の増を見込んだ職員採用
・子育てとキャリアを両立できる人事管理
・ワークライフバランスの実践に向けた研修
・柔軟な勤務、休暇等の取得しやすい職場づくり
・**社会貢献職員応援制度**

出典：長野県職員育成基本方針（概要版）

1-4 研修担当に欠かせない3つの力

▶▶ 事業として研修を企画する「企画力」

　研修担当の仕事には、目に見えるものだけでなく、目に見えない地道な業務もたくさんあります。

　具体的には、行政経営理念等や人材育成基本方針で掲げる「あるべき姿」をさらに具体化する力、研修実施までに会場を確保して通知を施行する力、その多大な業務を1つの形にする力など、**目に見える研修を実施するために求められる力が企画力**です。

　企画力を伸ばす方法はいくつもありますが、まずは本書の第2章から第6章までを一読し、研修業務を体験してください。体験することにより、具体的にどのようなことをしなければならないのか、必要な能力・スキルがイメージできるかと思います。そして研修業務の姿形がおぼろげに見えたところで実際の担当業務に携わると、自分に不足している具体的な企画力が明らかになります。

　必要な企画力が自治体内に関することであれば、組織内制度（人事制度や各種システム操作等）の学習を進めてください。研修を設計する力が不足しているのであれば、後述するインストラクショナルデザイン（2-5参照）等の学術・理論の世界を覗いてみるとよいでしょう。論理的に説明する力やデータを整理する力が不足しているのであれば、研修会社が開催するロジカルシンキングなどの個別スキル研修や総務省が開催している統計に関する研修に参加することが効率的な学びにつながります。

　企画力は目に見えにくい能力・スキルであり、異動したばかりの皆さんが抱く「業務がわからず不安な気持ち」は痛いほどわかります。まっ

たく何もない状態からOJTで学ぶのではなく、本書でイメージいただくことが皆さんの不安を和らげる一助になれば幸いです。

▶▶ 人を思うことができる「コミュニケーション力」

　社会的動物であるかぎり、人間はコミュニケーションから逃れられません。コミュニケーションの重要性に対して、反対の意を唱える人はいないでしょう。しかし、いつの時代も上司側からは**「若者が理解できない」**、部下側から**「上司はわかってくれない」**との声が必ず上がってきます。

　研修担当は、上司にも部下にも納得いく研修を実施するために、双方の立場を理解してコミュニケーションを図る力が必要になります。

　なお、昨今はコミュニケーションに限らず、問題の原因が「若者が悪い」から「中間管理職が悪い」にシフトしているように思います。研修担当はまさに中間管理職的なポジションであるため、余計な誤解や対立を招かないためにも適切にコミュニケーションが取れるような情報収集が急務です。

　また、横のつながりでもコミュニケーション力が求められます。研修担当は、少なくない頻度で他の部局（DX推進部署、広報部署等）から相談があります。相談内容は、「階層別研修の中に特定の講義を入れてほしい」など、首長の思いや特定の知識等を伝播するために早急に研修を実施したい旨が多いです。しかし、研修日数や予算は限られており、首長の思いや「他の部局が考える教えたいこと」をすべて叶えることは現実的ではありません。このため、研修担当には**波風が立たないよう首長や他の部局と調整できるコミュニケーション力**が求められます。

　いずれも、コミュニケーションを通じて人を思うことが重要です。今までは職人的に担当業務にあたってきた方も、研修担当として多くの人に関わり、その人々がどう思っているかに寄り添うことで、必要なコミュニケーション力を身につけていくことでしょう。なお、コミュニケーション力を向上させる方法はいくつもありますが、**本質である「伝える」と「聞く」**を意識すると、学習途中で迷子になりにくくなります。

▶▶ 理論を意識して講義ができる「講義力」

　研修には効果と効率が求められます。上からは「早くやれ！　結果を出せ！」と言われ、下からは「こんなに忙しいのに研修なんて……」と言われ、研修担当は板挟みになりやすい立場です。

　研修の効果と効率を高める手段や技法に関する情報は、世に溢れています。中には人の記憶や気持ちなど、脳科学・心理学をはじめとした専門的な理論もあります。研修担当は、この情報の海の中で適切なものをつかみ取り、理論を理解したうえで研修にアウトプットする力（講義力）が求められます。なぜなら、**研修担当者自身が講義を行う場合もある**ためです。

　しかし、一人で膨大な情報を収集・分析・学習することは骨が折れます。ここでは、知っておくと便利な手段・技法・理論の入り口を３つ紹介し、皆さんの負担を軽減できればと思います。

①アンドラゴジー（成人学習）

　アンドラゴジーは、成人学習に関する理論です。大人の学びを支援するために気をつけること、研修を設計するうえで大人をやる気にさせる手法を学ぶことができます。アンドラゴジーを再提唱したマルカム・ノールズの「成人は何かの学習に着手する前に、なぜそれを学ばなければならないのかを知る必要がある」というフレーズには、これからの研修担当が知るべきヒントがいくつも隠れています。

②デリバリースキル（伝える技術）

　デリバリースキルは、研修業界ではよく使われる言葉で、中身は話し方と見せ方に収束されます。話し方は声の大きさ・トーン、言葉の聞こえ方、言い回し等があり、見せ方は、服装、振る舞い、見やすい資料作成、グループワークによる体験等があります。デリバリースキルは多数の流派があり、多くの研修・ノウハウ本が存在しています。どの流派でも一定のスキルが身につけば問題ないため、外部研修を受講するか、ノウハウ本を一読するのがお勧めです。

③脳科学・心理学に関する理論

人の名前や顔は一度だけではなかなか覚えられませんが、会ったり話したりする回数を重ねると「見たことがあるかも」「聞いたことがあるな」と、頭のどこかにある記憶が残りやすくなるものです。この仕組みは、学習においても同様です。そこで、皆さんが学習を進める中で出会うであろう有名な理論の概要を、学習効率を高めるために先回りしてお伝えします。

図表1-7　研修で有名な理論と概要

理論	概要
エビングハウスの忘却曲線	人は20分後には42%を忘れる。復習による記憶の定着が重要。
記憶のメカニズム	記憶は海馬や大脳皮質における記銘⇒保持⇒想起の3つのプロセスにより成り立つ。
ボブ・パイクの90:20:8の法則	人が理解しながら話を聞けるのは90分、記憶しながら話を聞けるのは20分、飽きずに話を聞けるのは8分が限界。
ARCSモデル（動機づけ理論）	受講生に「面白そう」⇒「やりがいがありそう」⇒「やればできそう」と思わせると「やってよかった」と満足感を生み、学習意欲が上がる。
経験学習モデル	経験すれば学べるわけではない。経験から学習するためには、4つのプロセス（具体的経験⇒内省的観察⇒抽象的概念化⇒能動的実験）を経て、繰り返す必要がある。

実は、これらの理論等は「**インストラクショナルデザイン**」に包括されています。インストラクショナルデザインとは、学びの効果、効率及び魅力を高める研修を設計して受講者に提供する手法を体系的にまとめた理論やモデルのことで、それらを応用して実践していくプロセスも含みます。

インストラクショナルデザインは大学院等で扱われる専門的な内容であるため、本書では実際に使っている部分のみの紹介となりますが、関心がある方は、ぜひ巻末の参考文献をご覧ください。

第2章

まずはここから！
研修企画の基本

2-1 ◎…研修で解決したい課題を考える

▶▶ 課題はどこから生まれたのかを掘り下げる

　本章では、実際に研修を企画する際に意識すべきポイントやテクニックをお伝えします。過程を追うことで研修企画業務の理解を深めていきましょう。研修企画を考える際に、まず行うべきことは、課題の掘下げです。

　研修は、解決したい課題が明確でなければ、その効果は著しく低下します。さまざまな研修を見てきましたが、「それって本当に必要ですか？」と聞きたくなる研修も少なくありません。

　そのような研修は、しばしば当時の幹部職員のKKO（勘・経験・思い込み）により企画され、「問題・課題の混同」や「目的と目標の乖離」が生じていました。他にも、部局間の政治的な力関係で縛りつけられている研修、惰性的に毎年実施している研修、とりあえず新しい知識や技術を組織に導入しようとする研修なども見受けられます。

　このような研修を実施しても、研修効果は高くなりません。なぜなら、受講生の「**なぜ、忙しいのに研修を受けなければならないの？**」という疑問、そして周囲の「**なぜ、忙しいのに上司・同僚・部下を研修に出さなければならないの？**」という不満があるからです。この疑問・不満を払拭するには、受講生だけでなく、周りの職員にも研修の必要性と効果を明らかにしなければなりません。**必要性と効果を説明できないとすれば、その研修で解決すべき課題や手段の設定が間違っている可能性が高い**といえます。

　上記をふまえて、研修で解決したい課題を明確化する具体的な方法をお伝えしていきます。特にお勧めしたいのが、フレームワークを活用して課題を特定・整理する手法です。

①課題を特定する「なぜなぜ分析」

「なぜなぜ分析」は、**表面化している問題・課題に対して「なぜ？」と問いを重ねて原因を明らかにしていくフレームワーク**です。

問題や課題は、往々にして複雑です。表面化している問題・課題に対して対症療法で対応しても、根本的な解決には至らず、逆に副作用が発生して問題が悪化する負の循環に突入してしまいます。「なぜなぜ分析」は原因を分析して根本的な問題を特定できるだけでなく、根本的な問題と解決策を示すことで職員や職場が抱く疑問への回答を作成できます。

図表2－1　なぜなぜ分析例

【表面化している課題】
中堅職員が作成する首長レクの資料がわかりづらい

【なぜ？】
首長レク資料で伝えたいことが明確化できていない

【なぜ？】
中堅職員が伝えるべき情報を整理する能力が不足している

【なぜ？】
通常業務の中で情報整理に関する教育がなされていない

【解決策】
中堅職員を対象とした資料作成研修を実施する

②課題を整理する「ロジックツリー（Whyツリー）」

「ロジックツリー（Whyツリー）」は、**問題を「なぜ？」で分解して考えて原因の要素と階層を分析するフレームワーク**です。

ロジックツリーは、下位に向かうほど原因が具体的に分解され、上位に向かうほど要約される性質を持っています。ほとんどの問題が複数の原因により生じています。原因とその要素が何かを整理したいとき、特に作用している要因（根本的な問題）が何かを特定したいときに効果を発揮します。

ロジックツリーを用いることで、職員や職場に対して、「問題Aには原因B、C、Dがありますが、特にBには根本的な問題Eがあり、この

問題を解決するための知識・技術を得るために研修を実施します」と論理的に説明できます。

図表2-2　ロジックツリー例

受講生にどうなってほしいのか、受講後の姿を描く

　課題を明らかにして論理的に説明しても、「自分には関係ない」と考える職員は少なくありません。必要性や重要性は理解したものの、研修受講は納得できていない状態です。この状態の職員に納得して研修を受けてもらうためには、ズバリ**「目の前の課題を解決できる能力が身につきますよ！」と呼びかけると効果的**です。つまり、明確な課題設定と研修の必要性、研修受講で得られる具体的な能力・スキル、そして具体的な「受講後の姿」を示すのが最も効果的です。

　これらは、研修の背景となる重要な事項でもあります。具体的な「受講後の姿」は、「○○できる」と示すのがお勧めです。よく「理解できる」が用いられますが、DX研修で受講後の姿を「VBAを理解できる」では、どのレベルが求められているのかイメージできません。「マクロの記録を使える」や「VBEを起動し分岐式のマクロを使える」のように具体的に示すと、受講生本人も送り出す職場（上司・同僚）もよりイメージできます。

　しかし、中にはいくら説明しても納得してくれない職員もいるでしょう。これは、**「研修担当が受けさせたい研修」**と**「受講生が受けたい研修」**

が乖離している状態です。このような場合は、担当個人・研修部署の考えだけでなく、組織として研修を受けさせたい根拠として人材育成基本方針を用いて説明します。組織が定める「求める職員像」や「必要な能力」を得てもらうために研修を実施している理由を丁寧に説明していくしかありません。

▶▶ 研修でしか解決できないか、他の方法はないか吟味する

　昨今のデジタル技術の発展や新型コロナウイルス感染症に対応するためのデジタルインフラ整備により、私たちが取り得る課題解決の選択肢は増加しました。新たな世代や多様な職員が職場に入ってくることにより、環境も変わってきています。

　例えば、Z世代やミレニアル世代の職員は、わからないことがあればネット検索で基礎知識をすばやく仕入れて議論に参加できます。新たな環境で多様な職員がいる現在の職場では、職員の知識・技術レベルもさまざまで、研修が課題解決の手段として適さない場合もあります。

　研修担当であるからこそ、**自治体で生じる多種多様な問題のすべてを研修で解決しない**よう心がけましょう。課題と解決手段が合っていない研修を強行することこそ、受講生の皆さんが研修に抱く不信感を増大させることにほかなりません。

　研修以外の解決手段の例は、図表2-3のとおりです。

図表2-3　研修以外の解決手段例

課題	手段例
知識を伝播したい	資料配布、情報発信
部局間連携を強めたい	対話、レクリエーション
課題を共有したい	会議、コミュニケーション
部下を育成したい	OJT、フィードバック
専門分野の人材不足を解消したい	採用、インセンティブ付与

2 ◎…研修方法を検討する

▶▶ 明確な研修目的をつくる

　前項では、解決したい課題の明確化、そして納得して研修を受けてもらうために「受講後の姿」を示すことについてお伝えしました。ここでは、それらを踏まえたうえで「研修目的」として整理し、どのような研修方法がふさわしいかを検討していきます。

　研修目的は、受講生と所属への通知や研修の実施要領に記載するために必要です。研修目的は、下記の3点を盛り込みます。

---

①なぜ研修が必要なのか
②どんな受講生になってほしいか
③受講後にどんなことをしてほしいか

---

　①は課題の明確化、②と③は受講後の姿と関連しています。例えば、OJTトレーナー研修の目的を「OJTトレーナーとしての意識醸成を図る」と設定しても漠然としていて何をすればよいのかわかりません。①～③を盛り込むと、研修目的は「新規採用職員の孤立や離職を防ぐため、新規採用職員とのコミュニケーション手段や職務遂行におけるティーチング及びコーチングの技術を学び、OJTトレーナーの業務の自分ごと化を図る」となります。

　研修目的をつくる際に困ったときは、「どんな受講生になってほしいか」と「受講後にどんなことをしてほしいか」を細分化してみてください。細分化すると、①どのような知識・技術を習得してほしいか、②どのように感じ・考えてほしいか、③どのように行動を変えてほしいかの

3つに分類できます。そして、なぜ①～③を受講生にしてほしいのかを考えてみてください。それが「なぜ研修が必要なのか」とする現状や解決すべき課題につながるため、全体を整理すると明確な研修目的をつくることができます。

▶▶ 目的と受講生に合わせて研修方法を決める

　研修は、「集合研修以外ありえない」とされていた時代もありましたが、デジタル技術の発展や自治体を取り巻く環境の変化により、eラーニングやオンライン研修も一定の理解が得られるようになりました。

　一方で研修方法の選択肢が増えたため、受講後アンケートで「集合研修でなく、オンライン研修がよかった」などの意見も増えました。**多様な職員がいるため、個人の最適解が異なる**ことは理解できます。しかし、研修担当は職員個人の満足度だけでなく、組織が課題解決の手段として実施する研修の目的を達成するため、広い視野でふさわしい研修方法を選ばなければなりません。さらに、受講生や運営にも考慮する必要があります。研修目的に合致する外部の集合研修を見つけたとしても、受講生のレベル、1回あたりの受講可能人数、総合的に必要となる研修費用等も考慮した最適な研修方法を決めなければなりません。

　研修の種類は1－2で少し触れましたが、研修方法を決める際に必要な情報と組み合わせると以下のように整理できます。

図表2－4　研修方法と決定基準

研修方法	課題（例）	受講生のレベル	受講可能人数
講義型	知識伝播、情報提供	研修内容を学び、業務に活用できる	講師1人あたり30～50名/回
演習型	自分ごと化、早急な技術等習得	研修内容を標準として業務を行う	講師1人あたり30～50名/回
課題解決型	応用・発展的な技術等の習得	研修内容の十分な知識・経験がある	20～30名/回
対話型	高度な個別課題、創造性の誘起	相当な自主性・知識・経験がある	20～30名/回

▶▶ 一方向型と双方向型を意識する

　研修方法は、「一方向型」と「双方向型」を意識すると、集合研修とオンライン研修の使い分けや、一方向型と双方向型のメリット・デメリットを考慮した研修設計ができるようになります。

①一方向型
　講師側から受講生側へ知識・技術の伝達が一方通行である研修です。短時間で大勢に知識・技術を伝播できるメリットがあります。しかし、受動的であるため記憶へ定着しにくいデメリットもあります。

②双方向型
　知識・技術の伝達が講師と受講生、または受講生同士の双方向で行われる研修です。メリットとして、講師とともに研修内容を振り返る、グループワークを通じて受講生同士の考え方や理解度を一定水準に引き上げるなどにより研修効果を高めることができます。しかし、デメリットとして、心理的安全性の確保やグループワークができる広い会場、さらにグループワーク用の研修教材などを新たに用意する必要があります。
　特に心理的安全性の確保は重要です。アイスブレイクや自己紹介を丁寧に行ったり、講師から「他言しない」と約束したりすることで「率直に意見を言い合える」環境をつくらなければ、双方向型の研修はうまく機能しません。

▶▶ 集合研修とオンライン研修の使い分け

　集合研修とオンライン研修の使い分けですが、一方向型で十分な研修をオンライン研修、双方向型での研修が必要なものを集合研修と使い分けてください。
　特に、知識・技術を職員に伝えるだけの研修は、時代の流れとともにオンライン研修（eラーニング研修や動画視聴）に置き換わっています。なお、オンライン研修のうち、双方向型に近づけているものが「リアル

タイム研修」、学習管理が必要なものが「eラーニング」、学習管理が不要なものが「動画視聴」です。最近は1つの研修でも知識・技術を伝える部分をeラーニングとし、eラーニングで得た知識・技術を実践する部分を集合研修（演習型）として、両者を組み合わせるハイブリッド研修が増えてきています。

　一方向型と双方向型を意識して研修を捉えると、図表2-5のように整理できます。

図表2-5　一方向型・双方向型のメリット・デメリット

分類	メリット	デメリット	研修方法
一方向型	・大勢に迅速な伝播可能 ・受講管理が容易	・受動的で記憶に定着しづらい ・主体的でないと効果が低い	・一部の講義型 ・eラーニング ・動画視聴
双方向型	・研修効果が高い ・人的ネットワークの構築	・心理的安全性の確保 ・受講生の属性、レベル等に左右	・講義型 ・演習型 ・課題解決型 ・対話型 ・一部のリアルタイム研修

2／3 ◎…メインコンテンツを検討する

▶▶ メインコンテンツを選択する

　研修を実施する立場になると「あれも、これも！」と教えたくなるものです。しかし、研修時間と受講生の集中力は有限です。研修を効果的にするためには、**優先順位をつけてメインコンテンツを選ぶ必要があります**。メインコンテンツが決まれば、メインコンテンツを中心に他のコンテンツが決まり、研修全体の流れが決まります。

　それでは、新規採用職員研修を例に各コンテンツの優先順位を考えていきましょう。新規採用職員研修の目的を「自治体職員として業務に必要な知識・スキルを習得すること」と設定すると、首長講話、組織や職員に関する知識、接遇スキル、業務システムの操作方法等、コンテンツ数がかなり多くなります。この中で何に優先順位をつけるかは、解決したい課題に応じて判断します。つまり、**メインコンテンツが研修目的を達成できるかに着目する**とよいでしょう。

　実際には、図表2－6のように検討していきます。

　このように整理すると、新規採用職員研修のうち、接遇スキルと首長講話は集合研修で実施し、業務システムの操作方法と組織や職員に関する知識はeラーニングで実施すると、研修目的である必要な知識・スキルの習得を達成できそうです。

　また、eラーニングであれば研修期間を長く設けられるため、詰込みになりやすい4月の新規採用職員研修でも復習可能なコンテンツが提供できます。

図表2-6　メインコンテンツ検討表

コンテンツ	目的が達成可能か	手段・方法	優先順位
研修名：新規採用職員研修（4月実施）			
目的：自治体職員として業務に必要な知識・スキルを習得すること			
接遇スキル	電話や窓口業務など新規採用職員が担当しやすい業務に必要不可欠	集合研修（演習型）が望ましい	1
首長講話	首長の考えと期待を通じ、自治体職員としての自覚と覚悟を持たせることが可能	集合研修（講義型）で首長の雰囲気も感じさせたい	2
業務システムの操作方法	新規採用職員が庶務担当として服務、財務会計、文書、統計等に関するシステム操作を学ぶことが必要	eラーニング等で実際に操作させながらでないと身につかない	3
組織や職員に関する知識	職員として行政経営理念、組織図、人事評価制度等を知ると職員生活に役立つ	知識として与えるだけであれば、eラーニングで十分	4

▶▶メインコンテンツを具体化する

　メインコンテンツが決まったら、次はメインコンテンツをどう具体化していくか決めていきましょう。具体化は、メインコンテンツを内容で分類し、内容ごとに研修目的を意識して適切な手法を選択して行います。

　新規採用職員研修の接遇スキルを例にすると、接遇スキルは、①身だしなみ、②あいさつ、③窓口対応、④電話対応の内容に分類できます。

　①〜④のいずれも、基礎知識を教えてから演習を行って接遇スキルを習得させたいため、講義①→演習①→講義②→演習②……と組み立てていくのがよさそうです。

　演習は、講義内容に応じて、❶ペアを組んでお互いの身だしなみをチェック、❷お互いにお辞儀の角度をチェック、❸周りの受講生同士で名刺交換、❹グループの代表同士で住民対応をロールプレイし、ロールプレイ後に代表以外が講評する、といった流れが考えられます。

　ある程度具体化できたら、大別した内容の優先順位を決めましょう。

今回は新規採用職員研修であるため、①身だしなみ、②あいさつはアルバイト経験者や第二新卒の方はある程度の水準が期待できます。一方、③窓口対応、④電話対応は住民トラブルになりやすく、新規採用職員も不安に思い教育を受けたいと考えている内容です。よって、接遇スキルの中では③〜④の優先順位を高めて講義時間や演習数を増やすと、研修目的を達成しつつ、受講生のニーズも満たす研修が実現できるでしょう。

それでは、肝心のメインコンテンツ手法についてお話しします。結論からいえば、日々新しい手法が生まれており、体系的に整理されたものはありません。また、手法は「グループワーク」として複数の手法が1つにまとめられることが多く、「グループワーク」の単語を見たら、「中身の手法が何か」「複数の手法の組み合わせかどうか」を意識して確認すると無難です。ここでは皆さんが選択しやすいように、細分化したメインコンテンツ手法を図表2-7のとおり抜粋・整理します。

手法は会議手法（ブレインストーミング等）、コミュニケーション手法（座談会）、プレゼン手法（ディスカッション等）、作業手法（成果物を作成する）といったさまざまな要素に分解できます。図表にない手法を知りたい場合は「会議手法」や「発散技法」等で調べると、新たな手法が見つかるかもしれません。

▶▶ メインコンテンツを外部の研修講師に依頼できるか

これまで研修目的を達成する最適なメインコンテンツの内容と手法を考えてきました。続いて、本当に職員がメインコンテンツの講師を務められるか、研修主体について考えていきしょう。

以前は「餅は餅屋」として大学教授や研修業者の専任講師など外部の研修講師に依頼していましたが、最近は研修費用の効率化や人材活用の観点から職員自らが講師を務める内製化も多くなってきました。このため、外部の研修講師にメインコンテンツを依頼するためには、相応の理由が求められます。

外部の研修講師に依頼するかどうかは、①メインコンテンツの内容が専門的・先進的かどうか、②講師としてファシリテートできるか、③費

図表2-7　メインコンテンツ手法（抜粋）

手法	概要	目的・効果
講義	講師がパワーポイント投影等により知識や技術を説明する	知識や技術を学ぶ時間の確保及び標準化
クイズ	知識や技術の説明前後にクイズを出題する	一方的な知識や技術の自分ごと化
内容確認	知識・技術の説明後、時間を置いて受講生に概要を説明させる	自分が説明しなければならない緊張感の創出・自分ごと化
練習（作業）	学んだ知識・技術を実際に使わせ、成功体験を積み上げる	成功体験による業務への活用度及び受講生の満足度の向上
ロールプレイ	役割を決めて想定事例を疑似体験する	役割を演じることで理論だけでなく感情的な理解を促す
ストーリーテリング	体験談など物語を通じて感情に訴える説明を行う	感情移入・共感を得て抽象的な概念等の記憶定着を図る
座談会（交流会）	モデル職員（先輩職員等）に対して受講生が自由に対話を行う	組織の理解が深まり、自分のキャリアイメージの具体化を促す
アセスメント	質問に答えさせ理解度、技術習得度、タイプ、傾向等を分析する	目標に対して受講生がどのレベルか客観的に知ることが可能
ビジネスゲーム	道具等を用いて受講生同士で競争又は協力を行う	テーマ（防災等）の理解が深まり、チームビルディングが可能
発散	ブレインストーミング等の技法によりアイデアを発想する	知識・技術と経験を組み合わせたイノベーションの体験
収束	KJ法等を用いてアイデアの意味付けや構造化を行い、企画案としてアウトプットする	批判的思考及びグループ内での調整を通じたチームマネジメントの経験
プレゼンテーション	企画等の成果物をまとめて発表する	発表を通じた成功・失敗体験の蓄積
アクションプラン	行動変容につなげるための計画を作成する	職場に戻ってからの行動変容を具体化
振り返り（リフレクション）	学んだことや感じたことを振り返り共有する	視野の多角化、自己の客観視

用対効果が高いかの3点を基準にします。

　外部の研修講師にメインコンテンツを依頼する場合は、主に「内容が専門的である」「理論等の実践者である」「他自治体等で多数の実績が存在する」などが理由として挙げられます。

　逆に内製化する場合は、「組織内の制度である」「自治体職員のキャリア形成に深く関係する」「書籍やセミナー等により講師養成の外部研修が存在する」などが理由として挙げられます。いずれも**無理に外部の研修講師へ依頼したり、無理に内製化して講師を務める職員の負担をいたずらに増やしたりしないように心がけましょう。**

　外部の研修講師へ依頼するにあたって、注意すべきポイントは、外部講師は自治体職員でないため、ビジョンや組織内制度が共有されていない点です。どんなに良いコンテンツであっても、「うちの自治体ではできないな」「机上の空論だな」と職員に感じさせてしまうと、一気に研修効果が下がってしまいます。研修は、外部の研修講師にお願いして終わりではありません。外部の研修講師と打ち合わせを重ねて認識をすり合わせ、状況に応じて研修担当が前に出てビジョンや組織制度を説明する必要があることに注意しましょう。

▶▶ メインコンテンツを中心とした全体の流れを考える

　メインコンテンツが決まると、付随して他のコンテンツも決まり、全体の流れと研修時間が決まります。これは、メインコンテンツを中心に内容と手法にどれくらいの時間をかけるか決めると、研修全体の必要時間が積み上がるためです。

　例えば、接遇マナーをメインコンテンツとして、講義①（5分）→演習①（5分）→講義②（5分）→演習②（5分）×2回……（略）と積み上げ、合計90分の時間が必要だとします。メインコンテンツ以外のコンテンツも内容と手法から同様の作業を行い、最後にオープニング（オリエンテーション）とエンディング（振り返り）を加えます。すると、オープニング（20分）→メインコンテンツ（90分）→休憩→サブコンテンツ（60分）→（略）→エンディング（20分）と、全体の流れと時間が

決まります。

　しかし、さまざまな制限により、確保できる時間だけが先に決まっている場合もあります。ここで問題となるのが、「**研修として必要な時間**」が「**確保している時間**」を上回ってしまうことです。時間を上回った場合、単純に研修内容を「時間」だけ見て削るのはお勧めしません。

　考えるべきは、①**開始時間や終了時間をずらせないか**、②**資料配付で講義時間を短縮できないか**、③**一部コンテンツをeラーニングや動画視聴化できないか**の3点です。

　特に、②及び③は研修当日に確保できない時間を研修前後に持っていくやり方であり、デメリットとして、資料を読んでいない受講生が研修当日を迎えるなど、受講生間に差が生じる可能性もあります。いかにデメリットを研修前後のサポートで緩和していくか、研修担当の腕の見せどころでもあります。

　最後に、ボブ・パイクが提唱した「**90・20・8の法則**」を紹介します。これは、人が集中できるのは90分が限界であり、記憶を保ちながら話を聞くのは20分が限界であり、飽きずに受動的に話を聞くのは8分が限界というものです。この法則を意識して、各コンテンツは90分までで休憩をとり、20分おきに内容を区切り、8分おきに受講生が主体的になる機会を設けると、より効果的な研修が企画できます。

　なお、この法則に従った研修構成は**CSR（コンテンツ・参画・リビジット）** と呼ばれます（中村文子、ボブ・パイク著『研修デザインハンドブック』（日本能率協会マネジメントセンター））。リビジットとは、20分のコンテンツのうち、重要な部分の繰り返し・強調・整理により記憶の定着を図るものです。コンテンツによる情報提供だけでは、受講生が一度立ち止まって情報を飲み込む時間がありません。ペットボトルに水を入れるために適度なスピードや定期的に注ぐのを止めるのが必要なように、研修にも適度に参画やリビジットが必要なのです。

2|4 ◎…研修デザインを見える化する

▶▶ 研修設計書を作成するポイント

　研修担当がいくら完璧な研修を企画しても、首長や人事・研修部門の上司に「組織にふさわしい研修」としてOKをもらわないと、自治体の研修として実施することはできません。また、早急な研修実施が求められる場合、検討経過を形にしておかないと「なぜこの研修を実施しているのか」がわからなくなってしまいます。

　これらの解決手段としては、これまで本書で皆さんと一緒に考えてきた研修企画を、「研修設計書」として形に残すことがお勧めです。研修設計書を作成すると、決裁や引継ぎの際に新たな資料を作成する手間も減りますし、同一フォーマットで他の研修と比較できるため、さらなる効率化・効果向上が見込めます。もちろん、各自治体で研修設計書に近い計画書・企画書等のフォーマットがあれば、その様式を活用してください。

　研修設計書は図表2-8のように作成します。本章でここまで検討してきた事柄を書き込めば8割は埋まります。残り2割は、①**研修成果とする指標（KPI）をどう設定するか**、②**研修内容を鑑みて研修前後に何を行うか**の2点です（図表の下部項目）。

　①のKPIは、「具体的で」「測定可能で」「時間制約がある」ものがよいでしょう。首長や財政課などに成果の追求があっても耐えうる数値目標が望ましいです。目標設定の考え方と近いため、「SMARTの法則」などのフレームワークを用いると簡単に整理できます。

　②の研修前後の取組みは、研修効果をより高めるために行います。例えば、やらされ感のある研修では、研修前にモチベーションアップ、研

修後にフォローアップを行います。他にも当日に時間をあまり取れない研修では、研修前に資料配付と事前課題、研修後にレポート課題を設定するとよいでしょう。

図表2-8　研修設計書

研修名		令和○年度新規採用職員研修　前期
ニーズ	解決すべき課題	自治体職員としての心構え、組織人としての自覚及び職務遂行上必要な基礎的知識の習得
	受講後のあるべき姿	職務遂行に必要な知識や能力の基礎を築き、組織の一員として必要な心構えを持って働く職員
	必要な知識・技術等	組織や職員に関する知識 基礎対応（接遇スキル） 基礎的知識（読み・書き・そろばん）
基本情報	対象者	新規採用職員100名
	時期	4月第2週
	回数	1回
	時間	4日間
	場所	研修センター　講堂
	予算総額	100万円（会場使用料、システム利用料等）
研修概要	目的	自治体職員として業務に必要な知識・スキルを習得すること
	方法	研修（集合研修及びeラーニング）
	コンテンツ	集合研修（首長講話、接遇スキル等） eラーニング（福利厚生、人事評価等）
	講師	内部講師（各コンテンツ主管課）
	KPI	基礎的知識の習得度合（最終日にテストを実施し、正答率7割以上の達成を目指す）
	効果測定	4択10問のテスト（eラーニング）
	研修前の取組み	不要（受講生側が強く研修を望んでいるため）
	研修後の取組み	本人以外（メンター）へアンケート調査

▶▶ 研修の全体像がわかるロードマップを作成する

　新規採用職員研修をはじめとした階層別研修など、単発でない・独立でない研修は他の研修とのつながりがわかるロードマップを作成すると、合意形成や説明の際に非常に有効です。例えば、採用1年目から最初の異動を迎える3年目までに何をいつ研修すべきかをまとめたロードマップを示すと、新たに習得させたい知識・技術等が生じたときに「いつ」「どのレベルで」といった議論をスムーズに行うことができます（図表2-9）。ロードマップは矢印や階段で時系列と内容がわかるように作成しますが、情報を入れすぎると視認性が下がりわかりづらくなるため、簡潔にまとめましょう。

図表2-9　研修ロードマップ

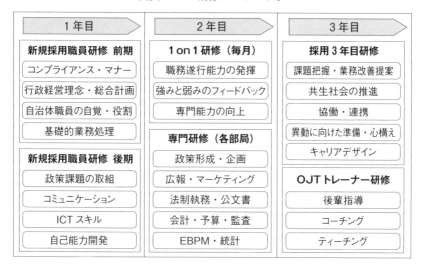

▶▶ 研修までのタイムラインを作成する

　会議室や公用車の予約などの研修準備は、決裁を受けてから行動するのが基本ですが、中には決裁前に予約申請や仮押さえをしないと会場や移動手段を確保できない場合があります。予期せぬトラブルを避けるために、研修実施までに必要な手続きと締切をまとめたタイムラインを作

成しましょう。タイムラインを組むほどでない場合や時間がない場合は、ToDoリストの作成・共有でもかまいません。

　タイムラインは締切から逆算して考え、少なくとも①**会場**、②**移動手段**、③**通知・講師依頼**、④**契約**の4点のデッドラインを盛り込みましょう。

　会場に外部の施設を使用する場合は、予約開始時期、キャンセル可能時期、予約申請のルールが異なるため、注意が必要です。移動手段は、受講生のために大型バスを借り上げる、講師を迎えに行くなどの特殊対応が必要ないか確認しましょう。通知・講師依頼は、受講生・講師の所属内調整が必要となるため、研修実施日の2か月前までに実施するのがベターです。契約は、入札方式により期間や手続きが異なりますし、外部研修では参加のために研修参加費の前払いが求められるため、細心の注意を払いましょう。

図表2－10　研修実施までのタイムライン

タスク	7月	8月	9月
通知	███▶		
講師との打合せ	██▶	██▶	
移動手段の確保	█████▶		
会場下見	█▶		
会場本予約		██▶	
名簿作成		██▶ ██▶	
資料等用意		████▶	
積込		██▶	
研修実施			████▶

▶▶研修当日のタイムスケジュールを作成する

　研修を時間どおり開始するために、研修担当は受講生が会場に来るまでに会場設営と受付準備を、講師が来るまでに接遇準備を終わらせなければなりません。また、研修当日は予測不可能な事態が起こります。交通トラブルで遅れる人、逆に気持ちが逸り研修開始2時間前に会場入り

する人がいます。焦らず確実に準備ができるよう、タイムスケジュールを作成するとよいでしょう。タイムスケジュールには出発から撤収までのタスクと役割分担を盛り込み、予測不可能な事態に対応できるよう最低2名の人員を割くとよいでしょう。

図表2-11　当日タイムスケジュール

時間	項目	A課長	B係長	C主事	備考
8:25	本庁舎発	駐車場No.1 公用車	駐車場No.1 公用車	自家用車	前日16時〜車両荷物持込可
9:00	会場着、会場準備	控室準備	施設担当と最終調整	演台、パソコン、プロジェクター	TEL 8:30以降 会場8:45開錠
9:30	受付開始	控室準備	開講式準備	受付	
9:55	受付終了	控室準備	開講式準備	↓	未受付者にTEL
10:00	開講式	あいさつ	司会	首長対応 楽屋口待機	10:20〜 課長　首長対応
10:30	首長講話開始	首長アテンド	↓	行経部門対応	10:30までに行経部門合流
11:30	首長講話終了	↓	↓	マイク補助	行経部門写真提供
(略)					
16:00	閉講式				
16:30	撤収	施設担当へあいさつ	鍵閉め	忘れ物確認	
					撤収完了後、帰庁

2-5 研修の基礎理論を知っておく

▶▶ 完璧な研修理論は存在しない

　残念ながら「これだけ知っておけば完璧な研修ができる」という研修理論はありません。なぜなら、「学ぶこと」は心理学、脳科学、教育学等と、「学びを活かすこと」は組織論、経営学等と関わりがあり、常に最新の理論が適用されるためです。これは、法律による行政の原理に基づく公務員の世界からすると、違和感を覚えるかもしれません。

　しかし、拠りどころとなる理論はあり、その集合体を「インストラクショナルデザイン」といいます。ここでは、インストラクショナルデザインの簡単な紹介と、学ぶ姿勢をつくるうえで重要な「アンドラゴジー」についてお伝えします。

▶▶ 研修効果を高める「インストラクショナルデザイン」

　インストラクショナルデザインは、「研修の工具箱」と喩えられます。研修の効果・効率・効果を高める各目的に応じて、適切な道具（理論、方法、アプローチ）を選んで用います。例えば、釘を打つ際にトンカチを使うように、「学びたいと思わせたい」場合には理論Aを適用する、といった具合です。

　鈴木克明著「e-Learning実践のためのインストラクショナル・デザイン」（日本教育工学会論文誌29巻3号）では、「インストラクショナル・デザインとは、「教育活動の効果・効率・魅力を高めるための手法を集大成したモデルや研究分野、またはそれらを応用して学習支援環境を実現するプロセス」と定義されています。

理論の集合体であるインストラクショナルデザインですが、代表的な理論がいくつかあります。簡単に紹介すると、学習意欲を高める要因を4つに分類し、それぞれの要因にアプローチしていく「**ARCS動機づけモデル**」や学習支援の働きかけを9種類にまとめた「**9教授事象**」、PDCAと同じく改善を繰り返して研修の質を高めていく「**ADDIEモデル**」、近年のインストラクショナルデザイン理論の共通点を5つにまとめた「**ID第一原理**」がよく取り上げられます。特にADDIEモデルは、①分析→②設計→③開発→④実施→⑤評価→①分析→…と研修事業を一連の流れで進めることができるため、最初に学ぶ理論としてお勧めです。

▶▶ 大人の学びのポイント「アンドラゴジー」

　アンドラゴジー（Andoragogy）は、ギリシャ語の成人「aner」と指導「agogus」を組み合わせた合成語で、成人教育と訳されます。押さえるべきポイントは、「**大人を子ども扱いしてはいけない**」です。

　アンドラゴジーは、アメリカのマルカム・ノールズが理論を再提唱・体系化・発展させ、「自己概念」「経験」「レディネス（学習準備性）」「方向付け」の4つの観点で子どもと成人の教育に違いがあるとする理論です。大人が学ぶには「**必要だと思っていること**」「**実践的であること**」「**学びが実績につながること**」などを意識させ、動機づけていく必要があります。

　なお、アンドラゴジーは子どもの教育を表す合成語のペタゴジーと比較（図表2-12）されますが、一方向型の講義等はペタゴジーと同じ性質を持つため、成人と子どもの違いにこだわりすぎる必要はありません。

図表2-12　アンドラゴジーとペタゴジー

	アンドラゴジー	ペタゴジー
自己概念	学習は自分から	学習は他人から
経験	経験は財産で価値が高い	未熟な経験は価値が低い
レディネス	能力向上や問題解決に活用できる知識・技術を学ぶ	先行世代の専門家が整備して与えるものを学ぶ
方向づけ	問題解決が中心	教科が中心

第3章

段取りが8割!
研修準備のコツ

3|1 ◎…会場の下見とセッティング

▶▶ 会場と移動手段の確保が何よりも先決

　コロナ禍では、多くの自治体でオンライン研修やeラーニング研修が盛んに導入されました。同時に、受講生同士の人的ネットワーク構築が難しいなどの観点から、集合研修の重要性が再確認されました。

　新型コロナウイルスの5類感染症移行後は、学びの効率化の観点等から、集合研修が増えている印象を受けます。集合研修では、会場と移動手段の確保が何よりも重要です。研修企画で日数、受講生数、内容等が決まったら、速やかに会場と移動手段を確保しましょう。また、会場はウェブサイト等での写真イメージと現物が異なることがあります。ミスマッチが起こらないよう、下見もしておきましょう。会場予約における留意点は、図表3-1のとおりです。

図表3-1　会場予約における留意点

①予約可能期間	特別な条件を満たす場合に予約可能期間よりも早めに予約できる場合もある
②施設使用の要件	利用目的に合わず利用できない場合もある
③キャンセル規定	キャンセル料の発生時期、仮予約後に本予約が必要な場合もある
④会場使用料	会場使用料の他に空調代、照明代、通信費等がかかる場合もある

　自治体施設及び移動手段を確保する場合は、自治体ごとに異なる予約ルールが運用されているため、予約方法に気をつけましょう。特に**他自治体施設を使用するときは予約ルール（施設条例等）を必ず確認してく**

ださい。また、民間会場を確保する場合は予約時点で契約が成立（費用が発生）する場合があります。特にホールは会場規模・スケジュールから申込時点で大きなお金が確定することが多いため、気をつけましょう。

▶▶ 研修受付の作法

　ほとんどの研修で、受講生全員が余裕を持って会場入りすることはありません。急に体調が悪くなったり、交通渋滞に巻き込まれたり、急な仕事が入ったりと状況はさまざまです。適切な研修運営のため、受講生のうち誰がいて・誰がいないのか、受付等による受講生の管理が必要です。

　集合研修で入口に机を出して名簿にチェックする一般的な受付以外に、座席指定による着座管理やアプリケーションによる自動チェックイン等もあります。一般的な受付では、「○○さんですね、今日は×班で、交流会に参加されるので△円お預かりします」と氏名確認・座席指定・会費回収の3点セットで受付を行います。スムーズな受付をするためには、受講生をできるだけ速やかに特定しましょう。「**五十音順に並び替えた受付用の名簿を作成する**」「**エクセルファイルの検索機能を用いる**」などのちょっとした工夫で、スムーズな受付が達成できます。

　研修受付で大事なのは、受講生に悪い印象を与えないこと。研修受付は受講生にとって研修当日のスタートであり、研修運営者と受講生が初めて出会う場でもあります。新規採用職員研修など、受講人数が多いと受付業務が流れ作業になりがちですが、雑な対応は禁物。**受講生が「歓迎されている」と感じるような場づくりに努めましょう**。

▶▶ 机・椅子・音響・映像等のチェックポイント

　初めて使う会場は必ず下見し、机や椅子、音響、そして映像（投影）を確認してください。研修に慣れてきた担当者ほど、おろそかにしがちなポイントです。確認を怠ると、「移動しづらい」「音が小さくて聞き取れない」「投影したいパワーポイントがスクリーンに映らない（見えに

くい）」などの理由で受講生にストレスが溜まり、研修内容に関係ないところで研修の満足度や活用度が下がってしまいます。

　机と椅子は、机1台あたり何人座れるか、壊れて使えなかったり、使いづらかったりするものがないかを確認しましょう。使用できる机と椅子を確認したら、実際に机と椅子を並べて移動しやすさやグループワークの邪魔にならないか確かめましょう。

　続いて**音響**の確認を行います。「この会場では音響設備が使えるはず」と確認しないまま当日を迎え、実際には音響設備がなかったり、壊れていて使えなかったりする場合もあります。音響設備は会場によって操作が異なるため、音声の入力・出力を意識しながら機材の音量操作をする、研修会場のスタッフに操作方法を教えてもらうなどして事故を防ぎましょう。

　最後に**映像**の確認も忘れずに。スクリーンに画面が投影できないトラブルはよく起こります。主な原因は、ディスプレイケーブル（HDMI、VGA等）とパソコンのディスプレイ設定です。HDMIケーブルで講師のパソコンとプロジェクターを接続する機会が多いのですが、パソコンの小型化傾向でHDMI端子がなかったり、研修会場の機材が古くVGA端子しか接続できなかったりして投影できない場合があります。パソコンのディスプレイ設定では、画面複製と拡張の設定誤りによるトラブルが多いです。Windowsでは「Winキー＋Pキー」でディスプレイ設定を簡単に呼び出せるので、機械が正常に動作しているのに映像が映らない場合は、パソコンの設定を見直してみてください。

　他にも細かい部分ですが、集合研修の会場では飲食可能か、オンライン研修の会場ではインターネット回線速度が十分かを確認しましょう。ホールなど飲食できない会場は別に昼食会場を予約する必要がありますし、同時接続数や電波状況により回線速度が遅いのであれば、別に分散会場やポケットWi-Fi等を確保する必要があります。

▶▶ 動線を意識して全体を俯瞰する

　最後に、会場の下見では研修全体の流れに沿って動線を意識しましょ

う。受講生はまず施設入口から受付に移動します。

「施設入口ですぐに研修会場がどこかわかるか」「研修会場で受付場所がわかるか」「受付後、受講生は座席を席札やカード立てで視認できるか」など、受付から研修終了まで受講生の動きをイメージして追うことで当日受講生が不満に思うトラブルをある程度予防できます。

動線を確認していくと、受講生が受付を行い、席に着くまでの動線は必ず確保されていても、グループワークや休憩時間の動線は意外と確保されていないことがあります。講義型の研修を実施する場合は、机と机の間を縦75cm以上・横90cm以上空けると受講生の動線が確保できます。グループワーク中心の場合は、机や椅子のまとまりが120cm以上離れているとお互いのグループの声や動きを邪魔しません。一般的な机や椅子の並べ方は図表3-2のとおりです。

図表3-2　机・椅子の並べ方

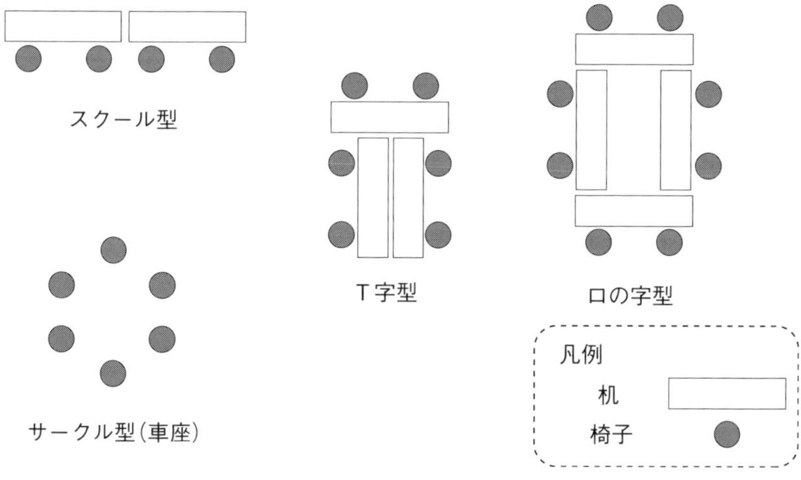

スクール型

T字型

ロの字型

サークル型（車座）

凡例
机
椅子

その他、施設周辺の情報も押さえるとよいでしょう。飲食店やコンビニ、施設内の喫煙所やトイレ、帰り道のバス・電車の時間まで把握しておくと受講生の手間が減って研修評価の低下を避けることができ、運営側も受講生の行動をある程度統一できるためメリットが多いといえます。

3|2 ◎…研修に必要なものを考える

▶▶ 研修方法によって持ち物は異なる

　研修に必要な持ち物はある程度標準化できますが、研修の手法や内容によって少し異なります。例えば、ワークショップ型の場合はグループワークで使う模造紙や付箋が多めに必要ですし、オンライン研修の場合はワイヤレススピーカーやWebカメラ等の通信機材が必要になります。

　研修の持ち物を考えるコツは、**標準的な持ち物を基準としたうえで、会場や受講生の情報を重ねて、頭の中で研修開始から終了までシミュレーションする**ことです。必ずしもシミュレーションどおり研修が進むわけではありませんが、行動をイメージすることで「プロジェクターのコードに養生テープを貼って固定したいな」とか「AさんとBさんが講義をして質疑応答を行うなら3本目のワイヤレスマイクが必要だな」などの気づきがあります。経験が浅いうちは、シミュレーション結果を先輩職員と共有し、ベクトル合わせを行うとよいでしょう。

　ここでは参考として、運営側の集合研修の持ち物の一例を図表3－3、オンライン研修での持ち物の一例を図表3－4のとおり示します。

▶▶ 受講生の持ち物としてふさわしいもの

　受講生に持参させるものは、極力少なくしましょう。なぜなら、受講生は研修後に配付資料を持ち帰るためです。配付資料が多ければ多いほど、受講生の持ち物が少なくなるように企画しましょう。受講生に事前課題を課す場合は、両面1枚に収まる範囲にとどめます。万が一忘れた場合でもその場で書ける、運営側が管理・配付しやすいなどのメリットがあります。

図表3-3　運営側　集合研修の持ち物（一例）

確認	品目、規格
☐	ペットボトル飲料（水）（講師用）
☐	乾電池（単三電池、レーザーポインター・レコーダー用）
☐	HDMIケーブル
☐	プロジェクター
☐	講義用パソコン
☐	延長コード（2口）
☐	延長コード（ドラム）
☐	受付用品（受付用名簿、マーカー）
☐	公用携帯電話
☐	職員録
☐	デジタルカメラ
☐	ビデオカメラ、三脚
☐	貼紙（会場、受付、講師控室）
☐	会場許可証（外部会場利用時のみ）
☐	配付資料（受講生分・運営分・予備）
☐	模造紙（A3用紙で代替可能）
☐	付箋（使い分けが必要な場合は複数）
☐	席札・三角札
☐	養生テープ（コード固定、貼紙掲示等）
☐	名札ケース（名札を忘れてきた人用）
☐	名刺
☐	ゴミ入れ・ゴミ袋
☐	A4用紙（メモ・予備用）
☐	集金袋（交流会がある場合）
☐	救急箱

図表3-4　運営側　オンライン研修の持ち物（一例）

確認	品目、規格
□	Web会議システム等がインストールされたパソコン（メイン）
□	Web会議システム等がインストールされたパソコン（サブ）
□	ヘッドホンセット又はワイヤレスマイク・スピーカー
□	ポケットWi-Fi
□	プロジェクター
□	延長コード（2口）
□	延長コード（ドラム）
□	公用携帯電話
□	配付資料（運営分）

　逆に受講生に持ってきてもらう必要があるものとしては、まず昼食（昼休憩をはさむ研修時）・飲み物があります。自動販売機が設置されていない会場はないと思いますが、数が少ない場合もありえます。また、場所によっては飲食店が周辺にない会場もあります。

　続いて、寒さ対策ができるものです。ほとんどの会場でエアコンがあるため、暑さ対策はしっかりなされています。ところが、個人で暑い・寒いの感覚は異なります。エアコンが効きすぎて、夏にもかかわらず寒さ対策が必要な場合がままあり、全体最適を徹底すると何名かの受講生は非常に不快な時間を過ごすことになります。そのため、上着やブランケットといった受講生自らが体温調整できるものを持参してもらう必要があります。

　最後は名札・名刺です。ほとんどの研修で受講生同士は初対面です。円滑なグループワークの実施や受講生同士の人的ネットワーク構築を推進するためにも、必ず名札や名刺を持参してもらいましょう。

3-3 受講生への周知と募集

▶▶ 実施要領の作成はわかりやすさがポイント

　職員研修は、地方公務員法や各自治体の条例・規定に基づいて実施されますが、個別の研修は実施要領が開催根拠となります。また、実施要領は受講生へのコミュニケーションツールでもあります。**通知に書ききれない詳細や運営側が受講生に指示したいことを盛り込み、実施要領だけ読めば正確に受講できることが理想です。**

　実施要領には、研修設計書の内容を落とし込みましょう。少なくとも研修目的（なぜ）、対象者（誰が）、研修内容（何を）、日時（いつ）、実施方法（どのように）を盛り込んでください。

　問題となりやすいのは、資料を事前配付する場合や事前課題を課す場合です。紙資料の持参忘れは運営側で多めに予備を用意することで対応できますが、事前課題は研修内容が担保できなくなる恐れがあり、特に注意が必要です。いずれもリマインドや研修実施日までにすべき事項を別紙でまとめて案内するといったリスクマネジメントを行いましょう。

▶▶ チラシで受講生を惹きつけるコツ

　多くの自治体は人員減・業務量増が続く多忙な環境であり、職員は余力がない中、優先順位をつけて業務にあたっています。このような状況下で任意参加の研修を企画して受講者を募集しても、モチベーションが高い一部の職員か研修マニアしか集まらないのが実情です。

　研修効果を高めるためにも、職員の自主的な学びを支援するためにも、チラシを使って職員の「やる気」を引き出す必要があります。

チラシは「情報」と「装飾」で構成されます。職員に伝えるべき情報は、**①必要性、②受講後の姿、③研修内容、④研修日程、⑤指示事項**の5つです。特に、①必要性と②受講後の姿を具体的に伝えることで効果が高まります。例えば、単に「論理的思考が大事です」と伝えるより「**首長レクの時間を 10 分短くしませんか**」とやや煽りを入れて伝えるほうが、職員も自分ごと化できます。

　装飾は多くの要素がありますが、研修のチラシでは「見やすさ」が最重視されます。前述のとおり、多忙で手が離せない職員に見てもらうためには、視認ストレスを与えないものが必要だからです。

図表 3-5　チラシの装飾における 3 つのポイント

ポイント	概要
①見やすい文字か	フォントはメイリオ、もしくは UD デジタル教科書体を用いる
②配色パターンは適切か	3〜4 色で構成する
③視線誘導は適切か	横書きの文字が多い場合は「Z 型」、縦書きの文字が多い場合は「N 型」を意識する

図表 3-6　視線誘導の 3 つの型

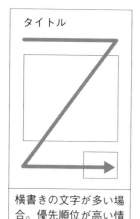

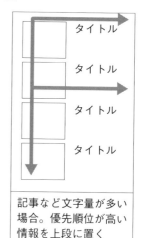

▶▶各種広報ツールを使い分ける

　どんなに素晴らしい実施要領やチラシ等を作成しても、職員に届かなければ意味がありません。確実に職員に届くよう各種広報ツールを用いてアプローチしていきましょう。

　広報ツールの使い分けは、図表3-7のとおりです。まずは文書管理システムでしっかり通知し、同時に共通事務システムの掲示板で全職員に知らせます。また、ポータルサイトで研修専用のコンテンツを設けている場合は積極的に発信しましょう。指名研修等で受講者が特定できる場合は、個人メールやチャットでの広報が効果的です。全職員向けの広報は自分ごと化できない場合があるため、情報が見逃されがちです。まずは全体に周知し、その後は個別に広報する戦略がお勧めです。

　「あなただから受講してほしいと思っています」「あなたが受講するとこんなメリットがありますよ」と職員個人にメッセージを送ることが、その職員の心に一番届くアプローチです。

図表3-7　広報ツールの使い分け

ツール名	アプローチ先	狙い
文書管理システム	所属・上司	研修の認知 対象者の把握
共通事務システム 掲示板	全職員	研修の認知度向上
ポータルサイト	全職員 (特に若手)	研修の認知度向上 簡単な質疑応答
チャット	対象者 (特に若手)	モチベーションアップ リマインド
メール	対象者 (特に中堅)	モチベーションアップ リマインド

3-4 講師接遇は抜かりなく行う

▶▶ 自治大学校で学んだ講師接遇の重要性

　私は令和2年度に、研修派遣として総務省自治大学校に勤務していました。

　自治大学校では、1つの課程で約60の講義があり、約50の外部講師が出講します。課目によってコマ数は異なりますが、外部講師には1時限あたり70分の時間内で法制・経済や地方行財政制度をはじめとした高度な課目を教えきることが求められます。

　自治大学校では、課程担当をはじめとした裏方が**事前に外部講師と十分なやりとりを交わすことで、情報の非対称性を可能なかぎり排除**していました。研修では、講師には限られた時間で最高のパフォーマンスを発揮することが求められています。研修を運営する私たちは、研修という場づくりを通じて講師のパフォーマンスが高まるよう、講師接遇を抜かりなく行う必要があるのです。

▶▶ 講師接遇＝「講師の言いなりになること」ではない

　講師接遇は当日のマナーばかり取り上げられますが、講師とのやりとりのすべてが講師接遇です。また、講師接遇として講師に**過度な忖度をする必要はありません**。自然体で、フラットな関係で、相手のことを想ってコミュニケーションを密にすることがうまくいくコツです。

　では、具体的な講師接遇をご紹介します。講師とのやりとりが始まるのは、研修の大まかな日程と内容が決まる、研修3～4か月前くらいでしょうか。

まず、講師には研修設計書を共有し、研修規模や組織側が求めるレベルを伝えましょう。その後、講師から行政経営理念等や人材育成基本方針、首長の思いなどが確認され、認識のすり合わせが始まります。この時点では講師が求める研修背景等の情報に取りこぼしがないか注意しましょう。

　研修1か月前には細かな調整を開始します。こちらからは、少なくとも**①交通手段**、**②到着時間**、**③進行方法**、**④研修用品**、**⑤資料**の5点を確認しましょう。研修当日、概ね講師は研修開始30分前には会場入りします。講師が会場入りする前までには机・椅子・席札のセット、音響・映像の再確認、教壇や講師用の水のセットを終えておきましょう。

　講師が到着したら名刺交換をし、当日資料（受講生名簿、配付資料）を渡して、パソコン持込の場合は音響・映像の確認を行います。また、用意してあれば講師用控室や施設設備を案内しましょう。

　研修が始まったら、オリエンテーション等で講師紹介を行います。最近の傾向では、時間の都合で紹介を省略し、講師プロフィールを配付することがあります。研修後は受講生のアンケート結果を送り、研修の評価・分析を講師と一緒に行います。あまりにもアンケート結果が悪い場合は、上司にお願いして講師をフォローしましょう。評価・分析では、講師に依頼した内容のとおりに、講義が実施されたのか、そうでなかったら何が原因で、どう改善するのかを中心に議論します。

▶▶ここだけは！　講師への確認事項

　時間がない中でベストを尽くすには、あらかじめ講師への確認事項をリスト化して、抜け・漏れがないよう確認するとよいでしょう。

　研修当日までに講師に確認すべき最低限の事項は図表3-8（次頁）のとおりです。研修施設のある自治体では公用車による送迎の有無など、このリスト以外にも確認すべき事項があるはずです。ぜひこのリストを叩き台として、各自治体で最適なチェックリストを作成いただき、調整時にご利用ください。

図表3-8 講師への確認事項

確認	項　目
☐	研修日時
☐	受講生数
☐	研修方法（集合研修・オンライン研修・ハイブリッド研修）
☐	研修会場
☐	会場での机・椅子の配置方法
☐	研修が必要となっている背景（あるべき姿と現状とのギャップ）
☐	研修内容（講義、グループワーク、質疑応答の有無やマイク回し等）
☐	資料投影の有無
☐	パソコン持込の有無
☐	講師紹介の要不要
☐	研修進行（講師紹介の有無、全体の流れ、グループワークでの動き等）
☐	講師が求める研修備品・道具（ホワイトボード、模造紙、マジック等）
☐	研修会場までの交通手段
☐	研修会場への到着時間
☐	資料納品日
☐	資料配付方法
☐	謝金・費用弁償（口座やマイナンバーの収集、謝金・費用弁償の金額）
☐	名簿記載事項（名前、読み仮名、所属、性別、講師に伝えたいこと等）
☐	アンケート結果の要不要

3-5 ◎…資料配付の抜け・漏れは御法度

▶▶ 紙と電子、状況に応じて使い分ける

　一昔前は、研修資料といえばすべて紙で、電子データは受講生の書き込みができないため、不適切とされていました。

　コロナ禍を経て、オンライン研修が一般的になった今では、電子データでの資料配付はかなりポピュラーになりました。研修運営側にとっても紙資料の印刷・配付はかなりの時間と労力、そして費用もかかってしまうので大変ありがたい話です。しかし、紙の良さを完全に排除してしまうのはもったいないです。コストとメリットを比較したうえで、研修資料を紙と電子で使い分けましょう。

　紙資料のメリットは、何といっても「形」になることです。先述した書き込みをはじめ、職場への復命に使いやすい、手元に残るので保管しやすいといった利点があります。長期的な観点では、グループワークの結果を紙に書き込ませて、いつでも振り返りできるようにすると学びの深化が期待できます。

　紙のデメリットは、一定のコストが生じる、研修後の資料紛失などリスクがある、資料訂正が難しいなどが挙げられます。また、著作権等の関係で外部講師から紙資料を指定され、選択肢がない場合もあります。

　電子データのメリットは、コストダウンはもちろん、時間や場所に捉われない研修が可能になることです。例えば、長野県は各現地機関が離れているため、どのエリアで集合研修を開催しても、いずれかのエリアからの参加者に往復4時間の移動時間という負担が生じてしまいます。研修方法をオンライン研修とし、資料を電子データで配付することにより、職員の負担軽減や全体効率化を図ることができます。

電子データのデメリットには、資料に直接書き込めない、共有サーバーに保存するとデータが削除される恐れがある、業務用パソコンの持ち込みを許可すると、研修中に本来業務を行う（いわゆる「内職」をする）職員が生じる恐れがあるなどがあります。特に、研修中に内職するのは本末転倒なので、グループワークを多めに確保する、運営側の見回りを増やすといった対策を行いましょう。

▶▶▶「資料が違う！」と言われないために

研修内容が高度・複雑になればなるほど、資料配付も難しくなります。自治大学校では１つの課目で30近い資料を配付したことがあります。また、多忙な講師は研修資料の納品が直前となることがあり、短期間で資料配付しようとすると抜け・漏れが発生します。講師から当日、「資料が違う！」と言われないために、資料作成者とのコミュニケーションを密にしましょう。

具体的には、以下の３点に注意するとよいでしょう。

> ①複数種類資料がある場合は「統合版」として事前にデータを渡す
> ②研修実施１週間前に資料提出や配付資料の確認をリマインドする
> ③資料納品後に改めて、配付してよい資料と投影データ等の配布しない資料が混在していないか確認する

外部講師は大学教授や民間企業の役員を務めている場合もあり、気を遣いすぎてしまうこともあるかもしれません。しかし、相手方も研修の失敗を避けたい思いは同じです。一度コミュニケーションが取れれば、好意的に協力してくれるので恐れずに講師へ積極的に連絡してみましょう。

▶▶ 資料配付を的確に行うポイント＆テクニック

　資料配付は簡単なように見えて、意外と深いテーマです。

　例えば、電子データ上では問題なくても印刷すると字が見えない、ホチキス止めした位置が違う、ページ番号がおかしいといったトラブルをよく聞きます。

　資料配付を的確に行うポイントとテクニックは、当たり前ですが実際に印刷して自分の目で確認をすることです。締切ギリギリに資料が納品された場合や、何回も出講経験のある講師の資料はチェック体制が甘くなりがちです。可能であれば複数人の目を通して資料確認を行うとベストです。

　よくあるトラブルについて、いくつか対応策をお伝えします。

　字が見えない問題は、配色が誤っている（淡い背景に白文字等）場合とパワーポイントをカラー指定せずに印刷しようとする場合に起こりがちです。それぞれの設定を確認しましょう。

　ホチキス位置がおかしい問題は、横書きPDF資料を2アップ等にまとめたうえでホチキス止めしようとすると発生します。この場合は2アップをやめるか、コピーミスから逆算してホチキス位置を見当してから再度印刷するとよいでしょう。

　最後にページ番号がおかしい問題ですが、印刷設定からページ番号を入力する場合や、ヘッダー・フッター設定でページ番号を入力せずにPDF化・統合する場合に発生しやすいです。もし画質が落ちることを許容できるなら、コピー機のスキャンで読み取り、アノテーション機能でページ番号を設定して再度印刷すると間違いないでしょう。

3-6 ◎…PowerPointによる資料作成のコツ

▶▶ まずは全体構成を考える

研修担当になると、PowerPointで資料を作る機会が増えます。

具体的には、導入に使うオリエンテーション資料、効果を高めるアイスブレイクの説明資料、講師を務める場合は講義資料等の作成が業務に加わります。

ここでは、PowerPointで資料を作成した経験がない方、操作に自信がない方に向けて押さえておくべきポイントをご紹介します。

研修資料の構成は、**導入→本題→まとめ**の3部構成がほとんどです。

具体化すると、①目的、②課題、③原因、④解決策、⑤効果、⑥結論（または再確認）となり、①から③までが導入、④及び⑤が本題、⑥がまとめに分類されます。

図表3-9　研修資料の構成

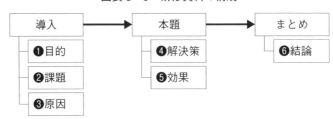

気をつけたいのは、特に講義は必要な知識・技術の伝達を目的とするため、用語解説や定義の説明が中心となり、受講生とのやりとりは一方通行になりがちという点です。

資料が一方通行かなと感じたら、受講生のリアクションをイメージし

て改善しましょう。例えば、「定義が難しい概念なら、現場に合わせた具体例と必要性を示す」「説明時間が長くなるなら確認質問を設ける」「事前配付資料に虫食い箇所を増やして緊張感を引き出す」「具体的な行動をさらに細分化して作業内容まで指示する」などです。

▶▶ わかりやすく・見やすいスライド作成のコツ

PowerPointは自由度が高く、正解のないツールですが、わかりやすく、見やすいスライドを作成するためのポイントをお伝えしましょう。

①スライドサイズ

ワイドはパソコン画面に強く、オンラインでの研修やパソコン持ち込みによる電子配付ではワイド（16：9）がお薦めです。一方で、1スライドを1ページで印刷・配付する場合はA4、古いプロジェクターやワイド非対応のスクリーンを使う場合は標準（4：3）を選びましょう。

②フォント

Windowsでは「游ゴシック」と「BIZ UDPゴシック」が、Macでは「游ゴシック」と「ヒラギノ角ゴシック」がおすすめです。これらのゴシック体は、タイトルや見出し等の文字数の少ない文章で使用します。長文の場合、Windowsでは「游明朝」と「BIZ UDP明朝」が、Macでは「游明朝」と「ヒラギノ明朝」がお薦めです。

③文字サイズ等

本文は18～24ポイント、タイトルなど強調したい文字は32ポイントがお薦めです。その場で読ませなくてもよい文字は、14～18ポイントに収めましょう。明朝体の強調は太字ではなくゴシック体に変えると視認性が高まります。行間は0.5～1文字分を確保し、読みやすさを確保しましょう。

④配色

　配色は 4 色までとし、彩度が高い色を避け、不快な色を組み合わせないようにしましょう。**県旗や市町村旗を参考にしたプレスリリース等を作成している自治体の場合は、この配色パターンを参考にするのも有効です。**例えば、長野県ではブランド「しあわせ信州」のロゴである「信州ハート」に使われている 3 色の緑色がさまざまな資料の配色に用いられています。この信州ハートを意識し、長野県の PowerPoint 資料では、背景色は白色、メインの色は薄緑色、文字の基本色は黒色、強調色は青緑色がよく採用されています。

　市町村旗等から色のイメージが得られにくい場合は、インターネットで「配色パターン 4 色」で検索するとさまざまなパターンが見つかります。

⑤図表

　PowerPoint では、図表を用いることで情報を整理しやすくなります。情報をグループ化する「**囲み**」、因果・流れを表す「**チャート**」、データを可視化する「**グラフ**」を活用しましょう。なお、グラフは Excel で作成し貼り付けるのが一般的です。余計な要素は取り除いて、できるだけ見やすいグラフを心がけましょう。

⑥**レイアウト**

　情報をわかりやすく整理するため、「整列」「近接」「対比」「反復」の 4 つに気を付けましょう。

(1) **整列**……文字・図表等の要素の上下左右の位置を揃え、目線誘導を考慮する
(2) **近接**……関連のある要素を近づけて配置し、視認性を高める
(3) **対比**……フォントのサイズや種類、図表のサイズ、色や背景に強弱をつけて重要な個所を強調する
(4) **反復**……すべてのスライドでタイトルの色やサイズ、余白の量、文字の大きさ等のスタイルを揃えて一体感を持たせる

▶▶ 情報を整える

　自治体職員でも苦手とする人が多いのが「情報を整える」技術です。情報が整理されていないと、伝えたいことが曖昧になったり、正確に伝えようとして文章が冗長になったり、流行に乗った過剰な装飾を施したりといった失敗につながります。特に、根拠規定や細かい場合分けをスライドに詰め込みがちで、情報過多な資料や、そのまま読み上げる研修は受講生にとって負担となります。そこで、PowerPointに慣れてきた方を対象に、情報整理のポイントをいくつか紹介します。

①情報量を適切にする

　PowerPointでは「**1スライド1メッセージ**」が基本です。例えば、新規採用職員向けの地方公務員法研修で懲戒処分を扱う場合、大きく区分すると、「意義」「事由」「種類」「手続」「裁量権」「救済」の6つの要素に分けられます。懲戒処分全体を取り上げる場合は、それぞれ1スライドずつ作成すればよいでしょう。

　しかし、研修で本当に伝えたいのは「懲戒処分とは何か」「何に気をつけるべきか」の2点です。前者には「意義・事由・種類」、後者には「手続・裁量権」などが対応します。この場合、例えば「懲戒免職の事由」と「種類の概要」をそれぞれ1スライドで説明し、「何に気をつけるべきか」については、やってはいけない行動の具体例ごとに1スライドずつ作成する方法もあります。複数の具体例を示す場合は、グループ化して「免職の具体例」「減給の具体例」とまとめるのも一案です。

　また、前任者が作成したスライドを用いる場合は、何を伝えたいものなのかを事前に確認しましょう。「ご清聴ありがとうございました」のように口頭で済むスライドなど、意味のないスライドは削除して整理します。

②メッセージの優先順位を決める

　研修では時間内にすべてを伝えるのは難しく、内容の取捨選択が重要です。一般的に、**1スライドの説明時間は丁寧に話しても2分程度が目安**とされます。そのため、スライドのメッセージは「何が重要で、何が

重要ではないのか」を考えて取捨選択しなければなりません。

　特に、知識や技術の伝達は「**経験やロジックの見える化**」ともいえます。書籍やインターネットでは得られない、実務に即した情報を優先的に伝えるべきです。自治体業務では、首長の意向、地域との合意形成、企画調整手法、内部統制、例規等の解釈・事務取扱、財務会計の実務等が重要視されます。つまり、定性的・創造的な業務のノウハウや、実践的な知識・技術を優先してスライドに載せることが求められます。

③情報を切り出して整理する

　情報の取捨選択をしてもスライドや文字量が多い場合は、情報を切り出して整理します。主な方法は、「**口頭で伝える情報を増やす**」「**スライドの文字量を削減する**」の2つです。

　まず、スライドには要点やメッセージを中心に載せ、特例や補足情報は口頭で伝えます。時間が足りない場合は、具体例や比喩表現も口頭で補足するとよいでしょう。受講生にメモを促す際は、「余白に○○とメモしてください」と指示すると効果的です。ただし、メモの速度には個人差があるため、十分な時間を確保できない場合は、研修後に補足資料を配付するのも有効です。

　次に、スライドの文字を削ることで情報を簡潔にまとめます。文字を減らしすぎると正確さが損なわれるため、バランスが重要です。特に効果的なのは、箇条書きを活用することです。例えば、「次回の研修については、11月21日の10時から16時まで、場所は本庁舎3階の大会議室で開催します」という文は、以下のように整理できます。

次回研修
　日時：11月21日（金）　10時～16時
　場所：本庁舎3階　大会議室

　箇条書きにすることで、情報を整理しやすくなり、「てにをは」や重複表現を省くことが可能です。また、スライド冒頭で「地方自治法」を「法」と略すなど、適切な略記を活用するのも有効です。

第4章

いざ本番！
研修実施のポイント

4-1 ◎…心理的安全性を確保するオープニング

▶▶ 知らない人とは本音で話せない

　いよいよ研修当日の動きを見ていきましょう。研修効果を高めるためには、実践的な学びを得ることが重要です。そのため、研修当日にグループワークやディスカッションを行いますが、いきなり受講生に「さぁ、どうぞ！」と言っても、研修会場は静寂に包まれるでしょう。

　たまたま受講生に恥ずかしがり屋が多いわけではありません。誰だって、知らない人、初めて会ったばかりの人といきなり本音で話すことはできないのです。

　研修で質の高いグループワークを行うためには、**お互いに言いたいことが言える場づくり（心理的安全性の確保）** が必要です。特に、業務改善を目的に普段の業務に対する不満や自分のキャリア観を自己開示させるような研修では、心理的安全性をより丁寧に確保しないと研修効果が高まりません。

　さまざまな心理的安全性を確保する手法がありますが、多くの研修では、まずオリエンテーションとして、研修全般に関する説明を行います。その際、例えば、「研修で起きたことは研修限りとする」「研修で知った**受講生の情報は外に持ち出さない**」「**自己情報を開示する範囲は受講生自身が決める**」といった研修全体に適応するグラウンドルールを説明することで、受講生と研修運営側の心理的安全性を確保し、できるだけ本音で話し合える関係づくりを目指します。

　また、オリエンテーションでは、改めて研修目的の説明と当日スケジュールの共有を行うと、受講生が安心するだけでなく、事前知識や前提等のベクトル統一や参加意欲の向上が狙えます。

▶▶ アイスブレイクで参加者同士をつなぐ

　アイスブレイクでは、自己紹介等を通じて受講生同士の心理的安全性を確保します。アイスブレイクとは、氷のようにこわばっている心・体・雰囲気を砕いて解きほぐすことです。アイスブレイクで気をつけるべきは、研修目的に合わせて「使う」意識を持つことです。目的を持たずに何となく行っても、「仲良しごっこをしに来たわけじゃない」と、場の空気が凍ってしまうことでしょう。目的に合わせたアイスブレイクを選択するとともに、その目的を受講生に伝えたうえで実施するとスムーズです。

　アイスブレイクを大別すると、**①自己紹介系、②運動系、③気づき系**の3種類があります。

　自己紹介系は、受講者同士がどんな人か知り合うことを目的とします。最近はビンゴのようにお互いの共通要素を集めるものや、一部ウソの自己紹介をして互いにウソ・ホントを探っていくようなものが見受けられます。

　運動系は、体を使った簡単なゲームを行い、心と体の緊張をほぐすことを目的とします。代表的なものはフラフープをグループメンバー全員の人差し指に乗せて指から離れないようにフラフープを下げていく「ヘリウムリング」が挙げられます。

　気づき系は、アイスブレイクをきっかけに新たな学びを得ることを目的とします。例えば、接遇マナー研修において情報伝達ゲームで人数を増やすほど主観が混じり情報伝達が難しくなるといったコミュニケーションの難しさを学ぶものが該当します。

　より詳しく知りたい方には、ブライアン・コール・ミラー著『2人から100人でもできる！ 15分でチームワークを高めるゲーム39』（ディスカヴァー・トゥエンティワン）とすごろくや著『大人が楽しい紙ペンゲーム30選〈改訂版〉』（スモール出版）がお薦めです。初めてアイスブレイクを運用する際は、これらの書籍から使えそうなアイスブレイクを、必要に応じて少しアレンジを加えて用いるとよいでしょう。

　後者の「紙ペンゲーム」とは、紙とペンだけあればプレイできるボー

ドゲームの分類です。ボードゲームはテレビゲームと異なり、アナログの道具を用いるゲームですが、新型コロナウイルス感染症の影響によりボードゲームのブームに火が付き、昨今は多様なジャンルのボードゲームが流通しています。

「公務員が勤務時間中にゲームなんて……」といった声もありそうですが、あくまで限られた時間内で受講生同士の壁を取り払って研修効果を高める手段の１つであるため、問題ありません。その他、ボードゲームには理論を学習を目的とするビジネスゲーム（SDGs を理解するためのカードゲームや、システム思考の理解を目的にしたビールゲーム等）があり、研修目的によってはメインコンテンツになり得ます。

アイスブレイクのネタ探しにインターネットで検索する場合は「アイスブレイク」だけでなく、「コミュニケーションゲーム」や「コンセンサスゲーム」をキーワードにすると実用的なゲームがヒットする可能性が高まります。私はよく神奈川県青少年指導者養成協議会作成の「楽しくすすめるグループワーク―個と集団の気づきをうながす―」を参考にしています。現在は神奈川県のホームページで当該冊子の PDF ファイルが無償配布されているので、お悩みの方はぜひご活用ください。

▶▶ チェックインで場の空気を整える

チェックインは、研修や会議のアイスブレイクとしてよく用いられる手法です。チェックインでは、**これから始まる研修や会議に自分から参加したいと思う動機づけと初対面の人同士が知り合う機会づくり**を行います。

研修でよく見られるのは、テーマを決めて順番に自己紹介を行い、続いて順番に研修への意気込みを話していく方法です。テーマは研修目的や講師、時期等によって異なりますが、研修への意気込みをはじめ、最近嬉しかったことや楽しかったことなど、ポジティブに話せる内容が好まれます。

例えば、研修運営側が、「まずは研修チェックインとして名前と研修への意気込み、そして最近嬉しかったことを１人１分くらいで話してく

ださい」と受講生に振ります。この際、グループ内での話す順番を決める時間は省略し、「グループの席札が置いてある方から、時計回りでお願いします」と告げ、最初に話す受講生は研修運営側で決めてしまいましょう。

　注意すべきは、チェックインを含む自己紹介でどこまで自己開示するかは受講生に委ねられている点です。

　研修運営側はテーマをあまり個人的な事項にしないように努め、**講師側が受講生の自己開示に介入しすぎない**よう注意しましょう。なお、自己開示は若手職員ほど積極的であり、シニア職員ほど消極的です。これは、若手職員は「自分の価値観を理解してほしい」「自己情報を開示するので適切にマネジメントしてほしい」といった意識があるためです。

　さらに、今の若い世代は学生時代から「あなたはどう思う？」と積極的に自己開示を求められる教育課程を過ごしており、自己開示に慣れている点も挙げられます。

　一方、シニア職員の中には「組織として働いているのだから、自分の意志は重要でない」「自己開示してコンセンサス調整するよりも、他の人に合わせたほうが調整の労力が少なくて済む」といった考え方が根強くあります。シニア職員に自己開示を求める際は、なるべく同世代・同職種で価値観の近いグループ分けをすると、自己開示のハードルが下がります。

　私が担当した、定年引上げに伴うシニア職員を対象としたキャリアデザイン研修では、上述のような属性によるグループ分けこそ、アイスブレイクをはじめとしたグループワークを盛り上げるカギとなりました。

　研修への意気込みの紹介は、時間がない場合や受講生のモチベーションが極端に低い場合は、省略もやむを得ません。ポジティブな意気込みは話すことにより、他者との共有や自分ごと化を狙えますが、ネガティブな意気込みの共有は、かえって他の受講生に悪い影響を与える恐れがあります。モチベーション高く、自分から手を挙げて参加する公募型研修とチェックインによる意気込み紹介は相性が良いため、ぜひ導入してみてください。

4-2 ◎…序盤
――受講生の動機づけ

▶▶▶ 研修「目的」と研修「目標」を共通理解する

　どんな人でも、はじめからフルスロットルで物事に取り組むことは難しいもの。研修でも、序盤にはオリエンテーション等を実施し、受講生と研修の目的・目標を共有して全員の意識を合わせる作業が必要です。

　研修では、しばしば**「徴兵で来ました」**などと自虐的な物言いをする受講生がいます。こうした受講生は研修に対するモチベーションがとても低く、**周囲にも悪影響を与える恐れ**があります。研修の実施要領等に目を通していない場合も多く、意識合わせをしないと「何のための研修だろう、時間の無駄だ」と他のグループメンバーの士気まで下げてしまい、研修全体がネガティブな結果につながってしまいます。

　共有する研修目的は「なぜ研修を受けなきゃいけないのか」に対する回答を、研修目標は「研修を受けてどうなればいいのか」に対する回答を説明しましょう。本音を言えばあまり時間をかけたくありませんが、5〜10分程度の時間を確保しましょう。いずれも研修設計時に設定するものですが、より細かく目標設定してもかまいません。

　例えば、パワー・ハラスメント防止研修の目的を「パワー・ハラスメントにつながる行動を変える」から、①部下指導法やコミュニケーション手法の実践、②組織風土の醸成や組織環境の改善、③パワー・ハラスメント行為者の行動変容のように研修内容に沿って切り分けます。細かく設定した目標について、グループワーク等を通じて着実に達成し、成功経験を重ねて研修実施要領等に記載する大きな研修目標が果たされる流れをつくるのが効果的です。

　しかし、研修目的や目標を説明しても、実感がないとわからない受講

生もいるはずです、そんなときはESVPをお勧めします。

　ESVPとはExplorer（探検家）、Shopper（買物客）、Vacationer（旅行者）、Prisoner（囚人）の頭文字を取ったもので、それぞれ次の特徴を持ちます。

図表4-1　ESVPの4分類

①探検家		新しいアイデアに興味があり、学びに積極的なタイプ
②買物客		情報をくまなく見通して、使えそうなものを持って帰るタイプ
③旅行者		日々の業務から一時的に解放され、いかに有意義な休みにしようかと思考をめぐらすタイプ
④囚人		研修受講を強制されていると感じており、一刻も早く解放されたいと考えるタイプ

　ESVPは、**受講生に今日の研修をどう過ごすのか、自ら考えさせる導入**です。具体的には、今日の研修で、①探検家として新しいアイデアや知識を見つけようとするのか、②買物客として情報に目を通して満足して帰るのか、③旅行者として多忙な業務から離れた休暇のように過ごすのか、④囚人として苦痛を感じながら時間が経つのを待つのかを受講生に問いかけます。

　ESVPではこの立場の分布を考え、適切なアプローチを行って学びの場を整えます。具体的には、①探検家には前向きな気持ちのインタビューでモチベーションの伝播をし、②買い物客には興味のない情報がいかに有意義か説明して興味を引き出し、③旅行者には休みでなく業務であり監視の目がある点を説明し、④囚人には少しでもモチベーションが上がるフォローアップを行います。

　しかし、受講生が30名以上の場合、一人ひとりへのアプローチは時間がかかりすぎます。実際の研修では、受講生全体に研修に対する意気込みや思いはどんな気持ちか問いかけ、ESVPのどのタイプか自分自身で決めてもらいます。そして各タイプの立場と、同じ研修でも立場で効果が異なる点を説明し、モチベーション高い探検家のマインドで有意義

な研修にしてほしいとお願いします。

　すると、受講生は講師からの一方的な言葉だけでなく、自分の気持ちと組織側からの切実なお願いを実感できるため、動機づけによる参加意欲の向上に一定の効果があります。研修参加の意識合わせや双方向のやりとりが、研修効果を高めるのです。

▶▶ スケジュールとグラウンドルールを共有する

　受講生と研修運営側の目的の共有と目標合わせが終わったら、続いてどんな流れで研修が進むのか、そして研修の場での学びのルールを共有します。

　研修のスケジュールは研修日までに実施要領等で受講生に知らせていますが、**再度確認・共有することで、全体を見通せる安心感を受講生に与えます**。特に休憩時間をあらかじめ共有すると、受講生側でもタイムマネジメントや集中力のコントロールが可能となり、グループワークや講義に良い影響を与えます。

　また、研修運営側として受講生や講師の都合を急遽スケジュールに反映しなければならない場合があります。具体的には、公共交通機関の遅延等によりスケジュール全体を5分程度後ろに倒す場合や、講師提案でグループワークの時間を増やすといった場合です。

　特に複数回実施する研修では、**前回の受講生のリアクションを鑑み、グループワークの作業と対話の比率を修正する**のが通例です。「新しい理論を受講生が受け入れてくれるか」「拒否感はどうか」「落としどころはどこか」などは、アンケートを待たず研修を行いながら改善していきます。これらのメリットを鑑みると、どんなに忙しい研修でも当日は序盤にスケジュール共有の場を設けておくと、受けの広い対応ができることでしょう。

　続くグラウンドルールの共有は、学びの質を高めるとともに、研修効果を担保するために行います。学びの質を高めるグラウンドルールでは、**議論が活発になるような心理的安全性の確保を受講生と約束**します。

　例えば、「自己開示は自分のできる範囲で行う」「研修中に知った受講

生の情報は外に持ち出さない」「相手の意見を否定しない」「考えるための沈黙は悪いことではない」などです。受講生からワークショップやグループワークで建設的な意見を引き出したいなら、心理的安全性の確保を丁寧に行いましょう。

　他にも、「講師への質問をいつ受け付けるか」「受講生が研修運営側にどうヘルプを出せばよいか」などを補足すると、より学びの質が高まります。意外と受講生は研修の困りごとがあっても我慢し、事後アンケートで不満を爆発させて研修満足度が下がる現象が確認されています。研修中に困っていそうな受講生に声掛けするだけでは取りこぼしがあり得ますので、時間を取ってヘルプのルールを共有しましょう。

　また、研修効果を担保するグラウンドルールでは、**「やってはいけないこと」も改めて共有する**とよいでしょう。具体的には、会場利用上の注意事項と他の受講生のモチベーションを下げる行為です。

　会場は所属自治体が所有する公の施設がほとんどかと思いますが、規模や時期によっては他自治体の施設を使用する場合があります。例えば、事情により県有施設が利用できないため、使用料を支払って市の生涯学習センターを使用させてもらう場合です。市の生涯学習センターは市民同士が学び合いを目的とする施設ですから、「使わせてもらう立場」として原状復帰や食事・ゴミ捨てルールの徹底、研修終了後の速やかな退出等を共有しましょう。「やってはいけないこと」として、最近頭を悩ませているのが、業務用パソコン端末の持ち込みです。すでに述べたとおり、受講生が研修時間中にこっそり本来業務に取り組む恐れがあります。研修時間中の内職は、講師に対して失礼であるだけでなく、他の受講生のモチベーション低下といった悪い影響が生じます。

　業務用パソコン端末の持ち込みを許可する場合は、グラウンドルールで研修用途以外の使用を禁止し、研修運営側で見回りを増やして受講生が研修に集中するよう対策しましょう。

4│3 ◎…中盤①
──講義のテクニック

▶▶ 講師が意識する「話し方」

　ここでは、内製研修で研修担当が講師を務める際に気をつけたいポイントをいくつか紹介します。

　最も大切なのは、相手にわかりやすく伝える技術であり、**デリバリースキル**とも呼ばれます。本格的に身につける場合は専門的なトレーニングが必要です。しかし、時間もお金もかかります。

　そこで、短時間で一定の効果を望むために、まずは講師が意識している「話し方」をお話ししましょう。ポイントは3つあります。

①ゆっくり話す

　時間に追われると、誰でも無意識に早口になりがちです。人によって心地よいリズムは違いますが、**「心地よい」**と**「聞き取れる」は別物**です。少なくとも聞き取れるスピードで話しましょう。

②考える時間を与える

　話をする際に、受講生に問いかけを用いて考える時間を与えます。「○○について、あなたはどうしますか？」や「この事例をあなたはどう解決しますか？」と問いかけ、10秒程度の考える時間を用意しましょう。多用は禁物ですが、受講生に問いかけるように話すと「指名されるかも」という緊張感を与え、**当事者意識**を持たせることができます。

③感情を乗せる

　重要な事項やストーリーに感情を乗せて話すと、受講生の記憶に残り

やすくなります。また、感情を乗せた話し方で研修の場をコントロールすることもできます。真面目な感情に対しては真剣に、柔らかい感情には温かく受講生も応えてくれます。**感情はメリハリ**です。重要な事項を説明するとき、真剣にグループワークに取り組んでほしいとき、議論が行き詰まり、いったんリラックスさせたいときなど、感情を乗せた話し方を心がけましょう。

▶▶ 見られている「身体の動かし方」

「人は見た目が重要」とよく言われますが、研修でも見た目を含む身体情報は重要とされています。

講師は言語的コミュニケーションで情報を発信するだけでなく、ボディランゲージや服装などの**非言語的コミュニケーションが受講生に与える影響**も考慮しなければなりません。この根拠とされる「メラビアンの法則」は、カリフォルニア大学のアルバート・メラビアンが1971年に提唱しました。メラビアンは言葉に対して感情や態度が矛盾していた場合、人はそれをどう受け止めるのかについて実験を行い、「7-38-55のルール」とも呼ばれる「3Vの法則」を導き出しました。見た目やしぐさなどの「視覚情報（Visual）」は55％、声の大きさや話すスピードなどの「聴覚情報（Vocal）」は38％、会話そのものである「言語情報（Verbal）」は7％の割合で優先され、人の判断に影響を与えます（この実験結果は非言語的コミュニケーションが重要であるとする一方、言語的コミュニケーションを軽視してよいと結論づけているわけではないのでご注意ください）。

身体の動かし方は、主に①立ち方、②服装、③目配り、④動作の4つで構成されます。いずれも講師養成講座等でさまざまな流儀がありますが、注意すべきポイントだけ抜粋します。

①立ち方──セルフチェックで確認を

人前で話す際、パソコンを操作したり、マイクを持ったりすると、意外と姿勢が崩れます。良い姿勢は、背筋をまっすぐ伸ばし、腕を組まず

に揃え、足を肩幅程度開いてフラフラしない状態です。あらかじめ先輩職員にチェックしてもらったり、ビデオカメラで録画してセルフチェックしたりすると良い立ち方か判断できるでしょう。

② 服装──状況に合わせて柔軟に

　公務員としてふさわしい服装であることは当然として、研修によっては「ラフ」な服装を求められます。課題解決型や対話型の研修では、心理的なハードルを下げて議論を活性化するために、ノーネクタイ等の気軽な服装で実施することもあります。講師として、研修種類や組織文化に対して柔軟に服装を合わせましょう。

③ 目配り──会場全体をZ字に見渡す

　視線を受講生全体に向けるよう心がけましょう。視線は講師から受講生に送るメッセージであり、受講生の情報を受け取るアンテナでもあります。視線の送り方はさまざまな手法がありますが、一番簡単な会場全体をZ字に見渡す手法がお勧めです。

　会場に15秒ほどかけてゆっくりZ字型に視線を送り、なるべく多くの受講生を見つめましょう。目線が合う緊張感から居眠りや内職を一定程度防ぐ効果も見込めます。

④ 動作──ゆっくりと余裕を持って

　せかせか動かないよう気をつけましょう。時間に追われながら必死に話をしなければならない状況下では、無意識に動作が速くなります。具体的な動作は指差し、質問の指名、講師の会場内移動、グループワークで使用する物品の配布等が挙げられます。動作が速いと落ち着きなく見え、受講生も不安に思い集中力を欠く状況に陥ります。まずは、入念な準備を行い、当日は受講生に身体を向け講義を進め、指差し等を行う際はゆっくり余裕のある動作をしましょう。

▶▶ 板書か、投影か？「資料の見せ方」

　資料を配付して終わりなら、研修は必要ありません。研修を実施する以上、板書か投影で新たな資料を会場でリアルタイムに共有しつつ、グループワーク等に取り組んで学びを身につけていきます。板書と投影には、それぞれ次のようなメリットがあります。

図表4-2　板書・投影のメリット

手段	メリット
板書	①リアルタイムで反映できる ②複数用意してグループごとに議論経過を残すことができる
投影	①文字を書く時間が省略できる ②電子データであり、共有しやすい

　研修会場の大きさや実施方法によってどちらかを選択しますが、最近は大規模会場での効率的な研修実施が求められており、投影を選択することが多い印象です。

　資料全体の流れはPREP法やSDS法、DESC法といったフレームワークを用いるとよいでしょう。特に**慣れないうちはPREP法がお勧め**です。

図表4-3　PREP法

　PREP法は、**最初に結論を説明し、その理由と具体例で補足し、再度結論を説明する**ため、要点が印象に残ります。ただし、PREP法も長文だと内容が伝わりにくくなる弱点があります。資料全体の流れは伝えたいことに合わせて文書構成法を選択し、作成しましょう。

　資料のデザインとしての見せ方は、脳が混乱するためシンプルなほう

がよいでしょう。投影の場合はお洒落なものも多いのですが、画像等は説明のために用いるものであり、飾りつけは必要最低限にして資料作成時間を短縮すべきです。

その他、研修現場では失われつつある板書のテクニックについては、学校教育分野の書籍が大変参考になります。

▶▶ 時間オーバーで困ったときの「時間調整法」

研修時間は長すぎるのも短すぎるのも NG。予定より長ければ受講生の予約した新幹線等のチケットが無駄になるかもしれませんし、短ければ想定外の帰庁が生じます。時間管理は、タイマー等を用いて研修設計時に作成したタイムスケジュールに沿って行います。

しかし、どうしても研修時間がスケジュールどおりにいかない場合もあります。研修を破綻させないために、いくつか時間調整法をお伝えします。

まずは**お昼を除く休憩時間の短縮**を検討しましょう。15分の休憩を10分にするだけで5分捻出できます。続いて講師と運営側とで相談のうえ、**研修内容の一部を省略**しましょう。例えば、各グループ約1分ずつ行う発表を、代表の1グループのみにすると、グループ数×約1分の時間を捻出できます。

どうしても時間調整ができない場合は、事前に受講生に知らせましょう。具体的には、午前の研修時間が終わった時点で〇分遅れている状況や、グループワーク終了1分前にこれ以上続けると研修時間を延長する必要があることを伝えます。**受講生の了解が得られた場合のみ、最低限の時間延長を実施**しましょう。

最悪のケースは尻切れトンボになること。「時間が来たから十分に説明できなかったけど、あとはよろしく!」といったスタンスは御法度です。

4 ◎…中盤② ──グループワークのテクニック

▶▶ グループワークの難しさ

　研修で行うグループワークは、一昔前は沈黙する人が多かったものの、最近は自分の主張や考えを積極的に話す人が増えています。

　その結果、新たなアイデア（最近だと、あるお寺の鳩問題に鳩ジビエなる解決策を提案したグループがありました）が生まれる一方で、収拾がつかない事態に陥ることがあります。このような事態を避けるために、研修運営側がグループワークを強くコントロールすると、新たなアイデアが生まれず中途半端になってしまいます。

　また、質の高いグループワークを行うために、ファシリテーターとして外部講師を呼ぶことも増えました。外部講師にグループワークを一任すると、当然外部の考え方が受講生に伝播します。その考え方がポジティブならばよいのですが、強すぎる考え方は職場に戻ってからの実践過程で混乱が生じます。完全にコントロールするとうまくいかず、外部に求めすぎると別の問題が生じることがあるのです。

▶▶ 話し合いの「作法」

　グループワークの要は話し合いです。

　人間である以上、自治体職員である以上、話し合いからは逃れられません。なぜなら、話し合いや多数決といった社会のルールと自治は密接不可分だからです。

　また、多様性を重視する現代では人によりバックボーンが異なるため、時間をかけないと合意形成まで持っていけません。「話し合いのタイム

マネジメントも受講生の学びだ」と突き放すこともできるかもしれません。しかし、研修である以上受講生全員に一定の効果を担保したいところです。効果的なグループワークを進めるには、どうしても話し合いの「作法」が必要になります。

話し合いの作法とは、論証のルールでもあります。アンソニー・ウェストン著『論証のルールブック』（ちくま学芸文庫）では、論証で守るべき50のルールが挙げられています。そのすべてを研修中に説明することはできないため、重要な4つのルールを作法として説明しましょう。

①前提を明らかにすること

　まずは、研修運営側が話し合いの前に受講生へ条件等を丁寧に説明して、前提を共有しましょう。そして受講生には前提となる知識・経験がそれぞれ異なるため、主張する際は前提や根拠を丁寧に説明するよう指示しましょう。

②具体的かつ簡潔に話すこと

　限られた時間を自身の話したいことに贅沢に使う人はどこにでもいるものです。有意義な話し合いをするために、具体的かつ簡潔に話すことを指示しましょう。

③相手の意見を頭ごなしに否定しないこと

　話し合いが白熱すると、自分と異なる意見を否定してしまい、話し合いが深まらなくなることがあります。一方で、話し合いの中盤から終盤にかけての「決める」段階では、相手の意見を否定したり、自分の意見を通すことを諦めたりしなければ、結論を出すことはできません。そのため、「頭ごなしに否定しない」と念押ししましょう。

④前向きな話し合いをすること

　グループワークでは、よく行政課題の解決を取り扱いますが、現状の否定的な部分だけがフォーカスされ、話し合いが行き詰まることが多々あります。話し合いをするうえでは前向きな結論を出せるよう、課題を

拒絶・悲観せず前向きに捉えるよう指示しましょう。

▶▶ グループワークの発散・収束技法

　多くのグループワークは課題解決を目的にしており、発散から始まって収束で終わります。**発散とは「事実やアイデアを出すこと」**であり、**収束とは、「発散で出した事実やアイデアをまとめあげること」**です。この発散・収束技法の引き出しが多ければ多いほど、研修担当として柔軟な研修企画・運営ができるでしょう。

　発散技法で一番有名なのは「ブレーンストーミング」です。皆さんも一度は聞いたことがあるのではないでしょうか。頭の中で嵐を引き起こすよう、どんどん事実やアイデアを出していく技法です。

　あまり知られないまま運用されていますが、ブレーンストーミングの考案者であるアレックス・F・オズボーンは4つの原則（①批判・評価厳禁、②発言は自由に、③質より量を、④便乗・発展歓迎）が重要だとしています。他にも9つのチェックリストを用いてアイデアを深める「チェックリスト法」、6色の帽子を被って（実際には被らない）1つの方向で議論する「シックスハット法」等があります。

　有名な収束技法は「SWOT分析」です。SWOTは、強み（Strength）、弱み（Weakness）、機会（Opportunity）、脅威（Threat）の頭文字です。発散で出た事実・アイデアを4つの視点で分析し、要素を組み合わせて戦略・対策を考えます。SWOT分析はグループワークの収束で使われるだけでなく、政策立案の現場でも使われています。他にもブレーンストーミング等で出された大量の情報やアイデアを整理・分析する「KJ法」等があります。

　発散・収束技法をもっと知りたい方は、「ビジネスフレームワーク」で探してみてください。特に、株式会社アンド著『ビジネスフレームワーク図鑑――すぐ使える問題解決・アイデア発想ツール70』（翔泳社）がお薦めです。70の手法・フレームワークの中から、使えそうなものをサッと探せます。さらにWeb上からダウンロードできるPowerPointのテンプレートつきのため、大変参考になります。

4│5 ◎…終盤
──内省を促す

▶▶ **内省なき研修に学びなし！ 経験学習モデル**

どんな人でも、一度だけの教育で完璧に記憶・実践するのは困難です。学生時代に問題集を解いたように、知識や技術を身につけるには実践や経験が必要になります。

経験から学ぶ考え方として、デイビッド・コルブは「経験学習モデル」を提唱しました。経験学習モデルとは、①**経験する**、②**振り返る**、③**教訓を見出す**、④**応用する**、この4ステップを通して人は経験から学ぶとする考え方です。

図表4-4 経験学習モデル

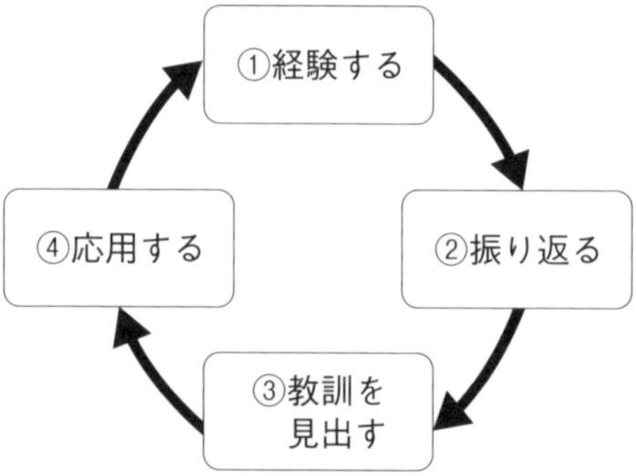

①経験する → ②振り返る → ③教訓を見出す → ④応用する →（①へ循環）

4ステップの中で重要なのは、②振り返る（内省）と、③教訓を見出す（概念化）です。**内省がなければ、研修での学びは「他人事のまま」**です。経験をただ繰り返して何となく覚えて実践する方法では、経験からの学びが少なくなります。研修終盤で内省と概念化を行うことで、初

めて学びが「自分ごと」になります。受けっぱなしの研修を避けるためにも、研修効果を高めるためにも、研修での経験を内省する時間が必要です。

▶▶「研修後、あなたはどう行動するのか」を問う

　研修中に内省の時間を設けても、「楽しかった」「難しかった」と感想を言い合うだけではあまり意味がありません。経験から教訓を見出すには、内省で「なぜ成功または失敗したのか」「次にどう活用するのか」を考えてもらう必要があります。

　内省では自分自身の内面に向き合って言葉にしていく自己開示と、自分が感じたことを相手に返すフィードバックが重要です。自己開示とフィードバックをうまく活用すると、「自分は知っているが他者が知らない自分」と「他者は知っているが自分が知らない自分」を知る機会を得ます（心理学モデルの１つ、ジョハリの窓）。

　内省の時間は「研修後、あなたはどう行動するのか」を命題に、グループ単位で、①**共有**、②**内省**、③**深化**の３つで**構成する**とよいでしょう。

　①共有では、自分が経験したことや感じたことを他者と共有します。ただし、自己開示する範囲は本人が決めます。②内省では、共有を踏まえて自分の行動、姿勢、感情、思考等を省みます。研修後にどう行動するかを前提に、概念化に向けて教訓をまとめます。③深化では、内省によって各々がまとめた教訓を共有し、お互いにフィードバックを行います。

　フィードバックを進めるうえでは、他者が自分に踏み込んでくるわけですから、角が立たないよう、「相手を否定しない」などのルールを敷きましょう。最終的には研修での経験を通じ、自己開示とフィードバックによって教訓を見出し、その教訓を研修後に活かすのがゴールになります。

▶▶ アクションプランシートの活用

　内省の時間に自分の考え方を整理する場合でも、最終的に研修の成果にする場合でも、アクションプランシートの作成はわかりやすいアウトプット方法です。

　アクションプラン（行動計画）とは、やるべき事項をリストアップし、それぞれの事項をいつまでに・どこまでやるかを策定するものです。つまり、アクションプランシートは、受講者が「研修後、どう行動するか」というアクションプランをシートに明文化するものです。アクションプランシートの作成を研修に組み込むなら、実施要領や研修序盤で触れましょう。アクションプランシート作成を意識しての受講は、積極的な研修参加を促す要因にもなります。さらにアクションプランシートはフォローアップにも活用できます。例えば1か月後にどうするか、3か月後にどうするか……と期間と目標をアクションプランシートに定めると、振り返りとサポートが容易になります。

　アクションプランについては、次章（5-3）で詳しく紹介します。

第5章

忘れずに！
研修実施後の
フォロー・アンケート

5-1 ◎…アンケートだけじゃない！研修後にもできること

▶▶ 研修受講後に何が残るか

すべてのカリキュラムが終わり、最後の受講生を見送れば、研修担当はやっと一息つけるタイミングになります。しかし、研修当日が終わっても、やるべき仕事はまだあります。

例えば、OJTトレーナーやメンター等の教育者研修の場合は、研修後の実践や上司からの評価が本番です。うまくいってない場合は、フォローアップにより軌道修正しなければなりません。

また、通常の研修でも、研修受講後にどれくらいの効果があったかを検証する「効果測定」の時間となります。**受講後は「学びがあった」と感じても、現場で使える知識・技術であるかは別問題**です。研修を実施する以上、情報伝達だけでなく実際の現場での活用が望まれます。研修後は効果測定により、しっかり研修効果を見定めましょう。

効果測定は大まかに、①アンケート、②確認テスト、③フォローアップ、④ヒアリング、⑤報告書・レポートの5つの方法があります。これらの方法を用いて研修効果を見える化し、継続判断や見直し等の研修企画に活用していきましょう。①アンケートと②テストは後述の5-2で、③フォローアップは5-3で、④ヒアリングは5-4で、⑤報告書・レポートはこの5-1で説明していきます。

▶▶ なぜ効果測定がアンケートになりがちなのか？

どんな研修にもアンケートがセットで付いてきます。アンケート実施時期によって収集情報はさまざまですが、受講後は研修当日や直後の感

想、研修内容が職場で活用できているか等が確認されます。

　研修とアンケートをセットで行うのは、効果測定の中でもアンケートは費用対効果の高い手法だからです。自治体によっては１つの研修の受講者が200～400名になります。一人ひとりに寄り添い、フォローアップしていく研修が理想ではありますが、研修担当は複数の研修を掛け持ちしており、１人あたり1,000名超の受講者管理を行うこともあります。そのため、現実として比較的投入時間が少なく、一定の効果が測定しやすいアンケートが採用されるのです。

　一方で、アンケートがふさわしくない研修もあります。それは、先述の研修受講後の実践が本番である研修や、職場知識や技術を伝える研修（講義型）等です。研修受講後が本番である研修はフォローアップによる上司の評価が、講義型の研修は習得度合を測る確認テストがそれぞれ適しています。

　もちろん、評価やテストを行ったうえで本人に対するアンケートを行い、二重三重に効果測定を行う場合もあります。なお、テストは惰性で回答する受講生も多いため、「正答だけでなく誤答を選択する」「○×だけでなく複数回答を設定する」などの工夫が有効です。

▶▶ 報告書・レポートの提出を求める

　アンケートや確認テストよりも受講生に深い習得度を求めたいものの、フォローアップほど時間が掛けられない場合に用いるのが、報告書・レポートによる効果測定です。なお、報告書・レポートには全設問が記述式であるテストも含みます。

　報告書・レポートでは、設問に対する記述式の回答を求めるほか、２千～１万字の字数上限を定めて受講生の考えを述べてもらいます。このアウトプットにより、受講生は与えられた知識や技術、そして経験が自分の血肉になっていきます。この効果測定手法と相性がよいのは、長期間の派遣研修や政策立案等の演習を伴う研修です。いずれも経験・体験を整理し、質の高い成果物を提出・共有することで、受講生だけでなく組織へのフィードバックも期待できます。

この手法を採用するときに問題となるのは、報告書・レポートをチェックできる人員と時間の確保です。自治大学校でも、レポート・報告書を採用する課目・演習では、専門の外部講師（教授）が2週間以上の時間をかけてチェックを行っていました。

少しでも効率化を図るのであれば、基準を平準化（特定の単語があれば点数とするなど）して複数人でチェックできる体制を構築するとよいでしょう。下手に首長や部長による採点を仕組化してしまうと、調整業務のほうが多くなってしまうので、研修実施前に慎重に検討しましょう。

▶▶ 受講生同士が交流できる場をつくる

新規採用研修をはじめ、研修によっては知識・技術の習得だけでなく、人的ネットワークの構築も重要です。

特にコロナ禍では人とのつながりが薄く、どの受講生もつながりの「きっかけ」に飢えていたように思います。一昔前は、研修後に懇親会・飲み会を実施すれば受講生同士、または受講生と講師が勝手に交流して人的ネットワークが構築されました。

しかし、現在は組織の多様性のため、多様な人材・働き方が許容されており、一律に懇親会・飲み会を実施しても取りこぼしてしまう人がいます。このため、研修運営側で受講生同士が交流できる場をオンラインで用意し、ネットワーク構築を促進するとよいでしょう。

具体的には、研修最後にグループメンバーでLINEグループの作成を促し、別途チャットツールで全体グループを立ち上げます。他にも、交流希望者のメーリングリストの共有や、研修後しばらくしてから職場での活用方法を共有する意見交換会（振り返りの機会）の実施等により人と人とのつながりが深まる「きっかけ」をつくっていきます。

5|2 ◎…アンケートの
テクニック

▶▶「満足した」「活用できた」で終わらせないために

　研修実施後のアンケートは、研修効果の確認を目的に行われます。つまり、研修部門が定める成果指標（満足度、理解度、活用度等）や研修ごとに定める目標（どの知識・技術を用いて何ができるようになるか）、行動変容の度合等をアンケートで調査します。ここでは、アンケートを行う際に覚えておくべきポイントを3つ紹介します。

①アンケートの条件整理

　条件は、「時期」「対象者」「項目」の3つの観点があります。

　「時期」は、研修実施後（職場に帰ってから）だけでなく、研修中や研修直後（帰宅する前）にも実施可能です。研修中や研修直後はアンケートの回答率が高いものの、職場での活用度等の実践部分は推測になります。一方、研修実施後は業務復帰で回答率が下がるものの、研修と現場のギャップを調査できるため多くの研修で採用されています。

　「対象者」は、ほとんどは受講生の自己評価で完結します。しかし、本当に職場で活用できているのかを測定したい場合は、上司や部下の評価が求められます。すべての研修で上司や部下を絡ませた評価で効果測定するのが理想ですが、優先度の高い研修のみ実施されているのが実態です。

　「項目」は、成果指標をはじめとした目的に応じて、何を尋ねるのかを整理しましょう。確実に回答してもらい、数多く回収するためには項目数を可能なかぎり抑えて受講生の負担感を減らすのが肝要です。具体的には、印刷してA4用紙1枚に収まる程度の量が適切です。また、研修効果を研修同士で比較できるよう、項目はなるべく共通・固定化しましょう。

②尺度（評価段階）

　よく用いられる尺度は5段階で、1に近づくほどネガティブで5に近づくほどポジティブに設計されます。5段階で問題となるのが、「3　どちらでもない」といった中立的な尺度です。自治体職員は中立的な尺度に回答が集中する傾向が見られます。白黒をつけないのは、ときに良いことですが、限られた財政事情で研修を実施する以上、廃止を見据えて白黒をつけてもらいたいときもあります。

　白黒をつけてもらいたい場合は、中立的な尺度のない4段階の設計がお勧めです。他にもより細かい7段階や9段階の尺度を用いる場合もありますが、少なくとも研修単位、可能であれば全研修で尺度を統一すると比較衡量が容易になります。

③自由記述欄

　自由記述欄は「集計が難しい」「激しい意見が多い」などの理由で敬遠されがちです。人によっては受講生の「ガス抜き」欄と思うでしょう。

　しかし、**自由記述欄こそ最も受講生の率直な意見を集められる項目**です。有効な自由記述欄のうち、ポジティブな意見が多数派であれば研修は成功しているといえます。逆に、ネガティブな意見が多ければ改善の余地があり、受講生によってはその改善案まで提案してくれるでしょう。

　他にも自由記述欄を定量的に分析すると、研修の影響度を測ることができます。尺度により良い評価がなされた研修でも、自由記述欄の記載が少ない場合には、新たな学びがなかったのではないかを疑いましょう。本当に良い研修であれば、職場でどう活かすかや学びに対する前向きな気持ちなどが表明されます。最近はMicrosoft Forms等で自由記述欄のキーワードを抽出してくれる機能があるため、積極的に活用していきましょう。

▶▶▶「無記名式」と「記名式」の使い分け

　かねてから無記名式アンケートのほうが受講生の本音を聞き取りやすいとされてきましたが、最近はその傾向が弱まっていると感じます。

心理的安全性を確保するだけでなく、このVUCAの時代では、どの職員も自分の意見をはっきり持っており、研修に対する率直な意見をフィードバックしてくれます。無記名式と記名式に大きな違いがないのであれば、**管理運営の観点からアンケートは記名式で実施すべき**でしょう。特に、自由記述の中で深掘りしたい回答者に対して、追加でヒアリングできるのが大きなメリットです。

▶▶アンケートそのものを行動変容につなげる

　研修目的を達成するためには、研修で知識や技術を身につけるだけでなく、職場での実践が必要です。実践には練習や経験だけでなく、受講生の思考や行動が変わらなければなりません。

　人の行動を変えることを「行動変容」と言います。行動変容の有名な理論は、「行動変容ステージモデル」です。これは、人の行動が変わるには、①**無関心期**、②**関心期**、③**準備期**、④**実行期**、⑤**維持期**の5つのステージを通るとする理論です。

　ほとんどの受講生が、無関心期か、関心期の状態からスタートします。**無関心期の受講生には**「このままではまずい」**と思わせるのが、関心期の受講生には研修実施後の姿をポジティブに思わせるのが有効**です。

　無関心期と関心期を経て、研修実施後の受講生は準備期になります。準備期では受講生に研修内容を職場でうまく実施できるよう自信を持たせ、宣言してもらうのが有効です。よって、アンケートで「あなたは明日から何をしますか？」や「あなたは研修内容をいつから実施しますか？」と尋ね、**自分自身と行動変容を約束して、自己矛盾しないよう促す**のが有効打となります。

　なお、実行期や維持期では周りのサポートや行動継続に対する「ごほうび」が必要となるため、上司からのサポート体制構築や研修運営側からのごほうび（サンクスカードや表彰制度等）を設けて対応することになります。なお、行動変容がうまくいかないと無関心期まで戻ってしまうため、研修目的に応じて事後アンケートで行動変容の度合いや阻害要因を特定するとよいでしょう。

図表5-1　アンケート例

新規採用研修　アンケート

氏名
[　　　　　　　　　　　　　　　　　　]

所属
[　　　　　　　　　　　　　　　　　　]

問1　カリキュラムのうち「行政経営理念」について教えてください。
Q1　講義内容は理解できましたか？
　　　4　理解できた　　　　　　3　やや理解できた
　　　2　あまり理解できなかった　1　理解できなかった

Q2　講師の話し方はわかりやすかったですか？
　　　4　わかりやすかった　　　3　ややわかりやすかった
　　　2　ややわかりにくかった　1　わかりにくかった

Q3　講義内容は今後の仕事に活用できそうですか？
　　　4　活用できる　　　　　　3　やや活用できる
　　　2　あまり活用できない　　1　活用できない

Q4　講義の内容、印象に残ったこと等を記載してください。
[　　　　　　　　　　　　　　　　　　]

　　　　　　　　　　⋮

問5　研修全体について教えてください。
Q1　研修全体の満足度はどれくらいですか？
　　　　4　満足　3　やや満足　2　やや不満　1　不満

Q2　この研修に関するご意見をお聞かせください。
[　　　　　　　　　　　　　　　　　　]

5-3 アクションプラン作成のテクニック

▶▶ 実現可能なアクションプランを作成する

　アクションプランは、研修での学びをその場で終わらせず、職場に戻ってからどんな行動をするか意識させ、その実行を約束してもらうものです。

　具体的には、受講生が研修終了後に職場に戻って、①何を、②いつまでに行うかを策定します。多くの研修でアクションプラン策定が取り入れられていますが、アクションプランは研修効果を確約する万能ツールではありません。受講生が策定したアクションプランは、実現不可能なもの（税収を対前年比200％にする等）や実現のハードルが低いもの（電話に積極的に出るなど）があり、到達レベルはさまざまです。

　さらに、策定したアクションプランが達成できたかを定期的に確認する仕組みは少ないように思えます。研修効果を高めるためには、策定内容が実現可能かつ適切な到達レベルであるかを定期的にチェックできるよう設計する必要があります。策定内容はグループごとに発表させて到達レベルの平準化を図り、定期的なチェックは自分自身や上司も巻き込んだ機会を設けて対応します。

▶▶ 3か月ごとのマイルストーンを設置する

　アクションプランには、振り返りの機会や中間目標地点（マイルストーン）を設置しましょう。マイルストーンを設けることで、受講者自身やその上司が定期的にチェックできる体制づくりを促すことができます。

　最も簡単なのは、**アクションプランシートにマイルストーンに対する**

受講生と上司の評価欄（コメント）を設け、すべてのマイルストーンと評価が埋まった時点で研修部門に提出させる方法です。

　この場合のデメリットは、上司から適切な支援がないと、誤った道に進んだ場合に軌道修正できない点です。軌道修正を視野に入れるのであれば、上司だけでなく研修講師との相談体制構築や研修運営側に適宜アクションプランを提出させるなどの対応が必要となります。

　マイルストーンの設定期間は、一般的には3か月です。他にも小目標を重ねる場合は1週間、何度かPDCAを回すことを念頭に置いて6か月とする場合もあります。合わせ技で、大目標を6か月後に置き、1週間の目標、1か月後の目標、3か月後の目標といったように複数の期間を設定して優先順位まで考えさせる方法もあります。アクションプランを具体化したアクションプランシートの例は、図表5-2のとおりです。

▶▶上司を絡めたフォローアップやリマインド

　受講生の行動変容を丁寧に評価するには、第三者の目が必要です。特に身近で仕事ぶりを見ている直属の上司（係長等）の協力が欠かせません。

　したがって、研修効果をしっかり測るのであれば、研修企画時点で上司をいかに巻き込んでいくか、上司にどんな役割を担ってもらうかを設定する必要があります。

　もちろん、上司側からすれば新たな仕事が上乗せされるわけですから、研修運営側には丁寧な説明が求められます。上司の巻き込み方としては、先述のとおりアクションプランシート内に上司のコメント欄を設けるのが簡単な方法です。他にも上司の評価シートを講師に提出させる方法や上司が1on1で受講生に直接フィードバックする方法もあります。ただし、講師を絡める場合は研修予算が高くなり、1on1を実施する場合は上司のフィードバック・コーチングスキルを平準化しないと意味がない点に留意してください。

図表5-2　アクションプランシート例

```
新規採用研修　アクションプランシート（6月作成分）

1　今年度に取り組みたいこと

2　取り組みたいことの現状分析
```

理想	現状	課題

3　目標設定

いつまでに	何を達成するか	何を行動するか	振り返り
9月末			
12月末			
3月末			

4　上司のコメント

9月末	
12月末	
3月末	

▶▶▶ やる気につながる！　セレブレーション

　人は鞭だけでは生きていけません。飴がないとモチベーションが維持できないのです。夫婦円満のコツは「感謝を伝えること」と言われますが、実際に「ありがとう」「おつかれさま」という言葉は大きな力を持っています。

　セレブレーションは、受講生に「痛み（苦労）に耐えてよくがんばった！」と祝福する行為を指します。アクションプランでは、上司が、部下の設定したマイルストーン達成やその期間に取り組んだ努力を祝福するのが一般的です。研修運営側がアクションプランを収集している場合は、特に良かった取組みをまとめて表彰するのもいいでしょう。ｅラー

ニングを絡めるのであれば、学習時間ランキングを設けて上位を発表し、祝福と競争を図る方法もあります。他にも、セレブレーションには目標達成をたたえる「サンクスカード」や「セレブレーションカード」を送って思いを形にする手法があります。

　「相手はいい大人なんだから、セレブレーションは不要だ」と感じる方もいるでしょう。しかし、受講生は研修内容を職場で実践するにあたり、大きな苦労を伴います。現場の考えと行政経営層の考えが必ずしも一致しないのは、皆さんも一度は感じたことがあるのではないでしょうか。

　研修運営側は、どちらかというと行政経営層に近い考え方が必要になります。その際、現場でうまくいっていない場合はアンケートでその意見を吸い上げたり、その努力に対して「ありがとう」と伝えるのが重要です。

　意外と言葉や態度にするだけで受講生は喜んでくれるため、研修運営側のやりがいにもつながります。自治体職員は、ほめること・ほめられることに慣れていないため、最初は気恥ずかしいかもしれませんが、ぜひ実践してみてください。

5-4 ◎…ヒアリングの テクニック

▶▶ ヒアリングを行う受講生の特定

　前提として、ヒアリングは受講生の主観が大いに入ります。そのため、ヒアリングはアンケートによる数字の根拠を補うストーリーとして用います。

　例えば、何かを採用するかどうかのアンケートを実施したとき、否定が多くても不採用で決着しない場合があります。この際、問題となるのが少数意見の尊重です。社会の複雑性を鑑み、多数決の原理だけでなく少数意見を拾うべきとするものです。このときにストーリーがあれば、理的な数字だけでなく情的な理由を複数置くことができ、首長等が判断に迷った際の補完材料として使えます。

　ヒアリングはアンケート後に行いましょう。なぜなら、研修実施前や研修実施直後だと、研修運営側の主観でヒアリング対象を選んでしまうためです。研修運営側の人事情報が濃ければ適切な対象を取り得るかもしれませんが、そうでないとハロー効果が生じる可能性があります。

　ハロー効果は、**ある対象を評価する際に、目立つ特徴に引きずられ、他の特徴や対象全体の評価まで歪められてしまう心理現象**をいいます。つまり、研修担当との関係性や現在の職に引っ張られ、適切な対象者とならない場合があります。アンケート後、回答割合に応じてヒアリング対象者数は10名程度を上限に設定すると、ある程度の公平性が担保できます。

　続く問題は、ヒアリング対象とする受講生をどのように特定するかです。ヒアリング対象は、幅広い属性（年齢、性別、勤続年数等）となるように特定します。研修部門では人事評価の情報がなくとも、人事シス

テム等から年齢、勤続年数、採用区分等がわかるはずです。情報がない場合は、申し込みフォームやアンケートで受講生の属性を聞くと、属性分けが容易になります。このとき、属性を回答しない受講生は「これ以上聞かれたくない」という意思表示であるため、ヒアリング対象としないほうが無難です。

▶▶ 研修ニーズが満たされたかのヒアリング

ヒアリングする際には、アンケートの意見を深掘りするだけでなく、目的達成の前段階である研修ニーズが満たされたかも確認しましょう。

研修ニーズは研修運営側だけのものでなく、受講生も少なからず「○○を知って業務に活用したい」といったニーズを持っています。運営側の「○○できるようなってほしい」と受講生の「○○できるようになりたい」が一致して満たされたかどうかは、言葉を交わしたほうが本音を引き出しやすくなります。仮にアンケートで実施する場合は、自由記述欄で収集することとなりますが、自分の気持ちを文章化するのは面倒であり、忌避されがちです。ただし、人間は本来、自分の意見や考え方を話したい動物です。ヒアリングは、**書くのは面倒だけど口頭なら伝えたい**という人間らしい**欲望にアプローチする手段**にもなります。

ヒアリングでは、次の4つのフレーズが効果的です。

図表5-3　ヒアリングの4フレーズ

フレーズ例	効果
①「なぜでしょうか？」	意見の裏側にある目的や根拠、理由を引き出す
②「具体的には何ですか？」	具体化することで漠然としている意見を掘り下げ、考えを明確にする
③「どう思いますか？」	受講生自身の考えや気持ちを自由に答えさせ、受講生の背景を確認する
④「どう感じましたか？」	受講生の経験や行動に伴う感情を引き出す

また、ヒアリングの際は謙虚な態度を心がけましょう。研修ニーズが一致しているかどうか、「研修をより良いものにするためにあなたが必

要です」というメッセージを態度で伝えます。

威圧的な言葉を用いず、「**あなたの意見を聞きたい、教えてほしい**」と興味や好奇心を持って質問しましょう。そのためには、受講生の情報をよく知る、アイスブレイクと同じく共通点を見つけて警戒心を解く、受講生の意見を肯定するのが有効です。

なお、受講生が言葉に詰まる場合は、こちらから具体的な状況を提示し、受講生の回答を分解・細分化して、さらに意見を引き出しましょう。

▶▶ 研修改善に向けたヒアリング

受講生の意見を深く聞ける貴重な機会を活かすため、研修改善に向けたヒアリングも同時に実施するとよいでしょう。

ヒアリングでは、①**研修前に困っていたこと**、②**研修中に困っていたこと**、③**現在困っていること**、④**困っている原因は何か**、⑤**原因はどのように解決できるか**、⑥**解決するために誰にどんな役割が必要か**の6点を聞きたいところです。

困っているのであれば、研修効果が出ていない状態だと捉えます。特に③は、職場で困っていることと同義であり、文章等で形に残るのを避けたい人が一定数います。秘密にすると約束したうえで、受講生から「実は……」と答えてもらうような項目はヒアリングで聞き取るのがよいでしょう。

また、研修運営側を否定する意見自体はアンケートでも収集できますが、体制批判が目的になっている事例が少なくありません。この場合、体制批判のために研修すべてが歪んで認知されている恐れがあります。

さまざまな考えを持つ職員が必要であるため、体制批判自体を批判はしませんが、それが受講生の総意であるかは別問題です。このようにアンケートで出てきた**否定的な意見が他の受講生から共感を得られるかをヒアリングで裏を取る**のも有効です。

5-5 受講後の声を分析し、効果測定する

▶▶ カークパトリックの4段階評価法

　最終的な効果測定として、研修全体の評価を行います。研修全体の評価では、①**効果測定に不足がないか**、②**KPIを達成したか**の2点を主に検討します。

　①を検討する際は、カークパトリックの4段階評価モデルを参考にしましょう。4段階評価モデルは、1959年に提案された伝統的な枠組みであり、図表5-4のとおり4段階に分けて評価します。

図表5-4　カークパトリックの4段階評価（一部加筆）

レベル	評価内容	手法	時期
1. 反応	研修に対してどのような反応を示したか？	・本人アンケート	研修直後
2. 学習	どのような知識とスキルが身についたか？	・テスト ・ロールプレイ評価	研修中 または研修後
3. 行動	どのように知識とスキルを業務に活用したか？	・本人アンケート ・上司アンケート ・ヒアリング	研修数か月後
4. 結果	組織と組織の目標にどのような効果をもたらしたか？	・職員満足度調査 ・人材育成計画に基づく定期調査 ・人事調査（退職率等）	研修数か月後〜数年

　レベル1の反応だけでなく、レベル2の学習による評価を重視し、レベル3の行動やレベル4の結果で投資費用に対する効果を明らかにしようとするものです。

カークパトリックは、特にレベル３の行動こそ、最も重要かつ最も評価が難しいと考えているようです。ただし、このすべての評価を行わなければならないわけではありません。レベルが上がるほど、必要となるヒト・モノ・カネのコストがかかります。それぞれの研修の目的に応じたレベルまでの評価とデータ収集ができれば十分であるため、４段階評価法は効果測定の漏れがないか、他の視点での評価が適切でないかを検討する際に役立ちます。

　②は、研修目的とは異なる全研修共通のKPIを設定し、達成度合いやスコアを他の研修と比較して評価するものです。

▶▶ 特定のKPIにこだわりすぎない

　計画行政が主な行政スタイルである現在では、EBPM（証拠に基づく政策立案）やKPI設定、PDCAサイクルによる改善が求められています。

　研修部門も例外でなく、研修全体を横串に刺すKPIを設定したうえで各研修の評価を行っています。研修部門のKPIとしてよく見かけるのは、「研修活用度」「研修満足度」「１人あたりの研修時間」「職員満足度調査による各項目」「受講者数」「受講率」でしょうか。

　特に**「研修活用度」**は研修内容と直接関係する指標であり、お勧めです。しかし、これらのKPIも状況に応じて変えていかなければなりません。「研修活用度」は公募型の研修等でミスマッチ（主事がマネジメント研修に参加するなど）があると低くなります。**「研修満足度」**はポピュラーな指標ですが、研修会場の暑い・寒いなどの研修内容と直接関係ない部分でも満足度が低くなる場合があります。**「職員満足度調査」**は３～５年に１度の頻度で行政経営部門により実施されますが、その中には上司のマネジメントや職場環境に関する項目があり、前回を上回るようKPIが設定されます。この場合、調査結果が年度末になる点や単年度評価できない点から、別途単年度用のKPIが設定され管理が煩雑になりがちです。**「受講者数」**や**「受講率」**は、３～５年度の期間に集中して何人の職員に研修内容を波及させたかの効果測定が必要な公募型・手上げ式の研修でKPIにされ独立しています。

いずれのKPIも一度設定して違和感があればより効果的なKPIに変更する、複数を組み合わせて測定するといった柔軟な運用がなされています。

▶▶ 検証可能な仮説を設定する

効果測定で必要な情報を収集したら、最後に分析を行います。積み重ねた情報からどんな仮説が導けるか考えましょう（公務員試験の判断推理や資料解釈を思い出す作業です）。簡単な分析は図表5-5の3ステップで行います。

図表5-5　分析の3ステップ

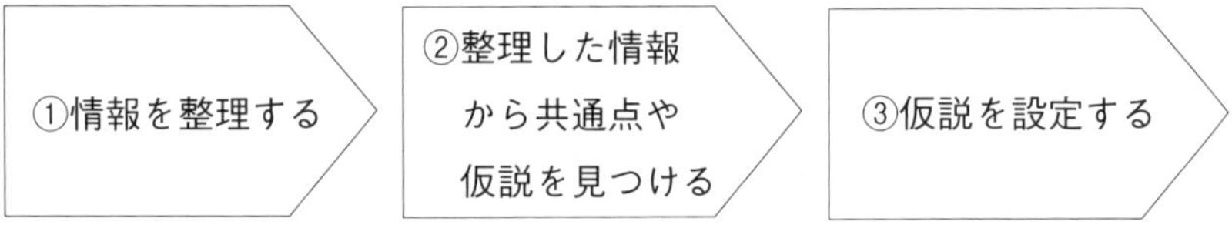

①情報を整理する → ②整理した情報から共通点や仮説を見つける → ③仮説を設定する

そして、設定する仮説は、続く仮説検証を見据えて検証可能で誤解のない表現にしましょう。

①では、雑然とした効果測定結果の交通整理を行います。例えば、「アンケートの自由記述欄で言及の多いフレーズは何か」「好意的な意見と否定的な意見のどちらが多いのか」「テストの平均点や最高・最低点は何点か」などに着目します。

②では、整理した情報から言えそうなことを考えます。例えば、「**自由記述欄で言及の多いフレーズを回答した受講生の研修活用度は低いのか**」「**否定的な意見を回答した受講生の研修満足度は低いのか**」「**テストの点数が低い場合、講師の説明や資料のわかりやすさの評価も低いのか**」などです。逆に、情報不足で仮説が立てられない場合もあります。例えば、「上司のマネジメントが悪い」との結果に対し、具体的に上司のどんなマネジメントスキルが足りていないのかを聞いていない（マネジメントの定義がはっきりしていない）場合が該当します。いくつか言えそうなことが見つかれば、続く③に移行します。

③仮説設定は、優秀な人ほど完璧を求め、独りよがりになってしまいがちです。仮説は間違ってもよいものです。少し肩の力を抜いて気軽にいくつか仮説を立てていきましょう。

そして、仮説は係内ミーティング等を通じて複数の目で磨き上げるのをお勧めします。整理した情報から新たな仮説が生まれることもあれば、根拠不明な仮説を排除するきっかけにもなります。

繰り返しになりますが、設定する仮説は誤解のない平易な表現を用い、続く仮説検証で検証可能なものにしましょう。具体的には、**仮説を比較できるか**（○○研修を受講した職員と受講していない職員を比較して検証可能か）、**関係性が比較できるか**（Aが増える／減るとBも増える／減る関係が検証可能か）、言葉の定義が明確になっているか、気をつけましょう。

第6章
次に活かす・つなげる！研修改善のツボ

6-1 ◎…研修をイベントとしないために

▶▶やりっぱなしはもったいない！

　官民問わず、ほとんどの研修は多忙感の中でやりっぱなしになっています。つまり、研修内容が職場で活用されていない状態にあるのです。

　その理由はいくつかありますが、自治体では特に「上から言われた研修をそのまま実行して終わり」が要因になっている現状があります。首長や上司から「職員が育っていない、研修だ！」「人事が育つ仕組みをつくれ！」「理念や行動指針が浸透していない！」「新しい考え方やスキルが必要だ、全職員に学ばせろ！」と言われ、対処療法的に研修を行うパターンです。

　首長や上司はとりあえず満足したとしても、対処療法を続けると、**研修部門も職員も疲弊し続ける負のスパイラル**が生じます。研修部門には、上から言われる各論を受け止めて全体を整理し、研修すべき事項に優先順位をつけて実施する力が求められます。そして、研修内容が職場で活用されていない場合には、その要因を特定し改善しなければなりません。

　研修部門にいる以上、首長や行政経営部門の上司との深い関わりが避けられません。首長等とお付き合いするうえでは、首長等は経営者目線でガンガン思いつきを投げてくる人々だと心得ておきましょう。

　その行動の裏には、「自治体の責任者として住民の要望に応えたい」「部局横断的で困難な課題を解決したい」「最新の組織理論を適応して業務負担を軽くしたい」などの熱い思いがあります。また、首長等は必ずしもイエスマンを求めているわけではありません。間違いはきちんと正し、価値観を共有したうえで本音が言い合えるようなパートナー・参謀を求めています。

研修部門は首長等の考え方を一度受け止め、その課題を翻訳し、研修が課題解決の適切な手段かどうかを話し合うのが理想です。つまり、首長や上司の指示を研修部門がそのまま呑み込まずに、目的が明確で効果測定までの研修企画が立案できていれば、やりっぱなしの予防的措置が取れているといえるでしょう。

　民間企業の人事部には、「社長の人事的な指示はしばらく寝かせてから対応する」と明言している人もいます。これは思いつきで早急に人事施策を変えてしまうと、従業員の混乱を招き、ひいては生産性の低下や従業員の大量退職につながってしまうためです。地方公務員には上司の職務上の命令に従う義務（32条）があるため、「指示を寝かせる」のは難しいのですが、首長や上司の了解を得て、課題の翻訳や検討の時間をなるべく多く確保したいところです。

　一方で、研修により受講生や職場が変わらない場合は改善が必要です。研修の改善は、①問題の特定、②改善策の実施、③改善策の有効性確認を繰り返して行います。本章では、「研修やりっぱなし」状態を改善する事後的措置としての改善手法を取り上げます。

▶▶ なぜ成果が出ないのか、問題を特定する

　研修を実施する以上、どこかのタイミングで研修の成果や効果の説明が求められます。例えば、予算要求のタイミングで首長や財政課から、議会中に一般質問等で議員から、日常のふとしたタイミングで住民から、「研修で何がどれくらい変わったんだ！」と尋ねられます。

　このとき、担当する研修の成果が芳しくないと、廃止や大幅な見直しの議論に発展しますが、十分な用意がないと研修担当が議論の方向性をコントロールできない恐れがあります。すべての研修が初回から満足度や活用度の高いものになるとは限りません。研修担当は、いつ「どうなんだ！」と尋ねられてもいいように、成果に気をつけて業務にあたりましょう。

　研修成果が出ていない場合とは、研修目的が達成できていない状態を指します。具体的には、あらかじめ設定していた効果測定の平均点や

KPI（研修活用度等）が目標を下回っている状態です。

　問題を特定する方法はいくつもありますが、再度アンケートやヒアリングの実施、研修後の報告会（反省会）で問題を洗い出すのが手軽かつ効果的です。アンケートやヒアリングの結果を分析する際は、広い視野で捉えましょう。自由記述欄など、さまざまな意見に触れると何が正しいのか見失いがちです。特にネガティブな意見に対しては「対応しなくては」と思いますが、「この意見は全体の何割程度なのか」と視野を広げることで、冷静に対応できるはずです。少数派でも無視できない意見があれば、報告会で同僚や上司から意見をもらい、複数視点で考えるとよいでしょう。

　これらの方法だと受講生と研修運営側の意見のみとなるため、可能であれば外部講師の意見をヒアリングするのがお勧めです。外部講師の視点は、第三者として他組織と比較した意見をもらえるため、大変貴重です。なんとか外部講師と都合をつけて、Zoom等で30分程度の反省会をするだけでも組織風土を含むさまざまな問題が露見することでしょう。

▶▶ 研修に関する問題は、大きく3つある

　研修に関する問題は多種多様で、初めて直面すると出口のない迷宮のように思えます。そんなときはシンプルに考える、これにつきます。研修に関する問題は、以下の3つに分けてシンプルにスタートし、その後議論を深めていくのがお勧めです。

① **「内容」**をめぐる問題
　この問題は**特定しやすく**、かつ、**解決しやすい**のが特徴です。「研修目的と合致している内容か」「受講生に対して適切な難易度か」「目的に対してレベルが低い内容でないか」「目的と手段が一致しているか」などが具体的な問題の例です。特に初めて実施する研修は、目的や受講生との距離感がわからず、内容の問題が生じやすいため注意が必要です。受講後の効果測定では「講義は理解できたか」「研修手法は適切か」な

どのアンケートを行い、内容の問題がなかったか確認しましょう。

②「人」をめぐる問題

やや特定が難しい問題です。人、つまり受講生や講師に問題がないか疑いますが、主観的になりすぎないよう気をつけましょう。

「受講生の属性（年齢や職位等）は研修にふさわしかったか」「講師の態度や能力は研修にふさわしかったか」「受講生と講師の関係はどうだったか」「受講生の人数は適切だったか」などが具体的な問題例です。ポイントとして、人の問題は感情の角が立ちやすいため、受講生や講師に直接問題を伝達するのは必ず避けてください。

例えば、受講生アンケートで「講師の教え方が悪い」との回答が多いとしても、本当に講師の教え方が悪いとは限りません。「教え方が悪い」と回答した受講生を分析すると、「時間が短い」や「eラーニングがふさわしくない」などの質問と相関関係が見つかる場合があります。つまり、実際には内容や運営の問題である場合です。このとき、最初から外部講師に「講師の教え方が悪い」と直接伝えてしまうと、取り返しのつかない事態に発展しかねません。間接的に伝えるには、一緒に改善していきたいスタンスを示して、人の問題とされていたとしても、その背景にある問題と改善案を併せて伝えましょう。本当に講師の教え方が悪い場合でも、波風は立ちにくくなります。

③「運営」をめぐる問題

運営に対する意見はアンケートから容易に収集できますが、さまざまな意見があるため、**どれが正解かややわかりづらい**性質を持ちます。

また、運営の問題は研修運営側自身の問題であるため、鏡がないと自分の姿が見えないのと同じように、問題を問題をとして特定しにくいものです。「運営手法に問題はなかったか」「研修序盤でしっかり動機づけできたか」「講師に任せっきりでなかったか」「研修前後のフォローアップが必要だったのではないか」などが具体的な問題例です。運営に対する意見があった場合は、その妥当性や説得力、そもそも改善できる事項かなどについて、同僚を巻き込み複数視点で考えましょう。

6-2 研修のPDCAサイクル

▶▶ 研修もPDCAサイクルを回す

　業務改善のフレームワークは多種多様ですが、基本に立ち返ってPDCAサイクルによる研修の改善例を紹介します。

　改めて、ご存じのとおり、PDCAサイクルとは、さまざまな分野・領域における品質改善や業務改善などに広く活用されているマネジメント手法で、Plan（計画）→ Do（実行）→ Check（評価）→ Action（改善）のプロセスを順に実施するものです。PDCAサイクルを回していくことで、随時問題があれば改善して研修効果を高める循環をつくっていきましょう。

　研修のPlan（計画）は、第2章で紹介した研修企画です。

　研修企画で最も大事なのは、**研修目的が明確で、解決したい課題との関連性が高い**ことです。研修担当が、受講生の貴重な時間を使ってまで研修を実施する目的や、研修での学びが課題に対して機能するかどうかを説明できる状態が望ましいでしょう。

　新研修の企画では、「課題、目的、目標、アプローチ手法等が適切か」を確認しましょう。以前から行っている研修の企画では、「前回の反省点は何か」「前回担当者の提案した改善策は適切か」「追加で収集すべき情報がないか」などを確認しましょう。特に、年度末に実施する研修は振り返りを実施できていない場合があります。このような場合は事後アンケートから改善すべき問題を特定する作業からスタートするため、全体の作業スケジュールに反映して、うまくズレを修正しましょう。

　研修のDo（実行）は、第3章及び第4章で紹介した研修実施を指します。「研修当日や期間中に何をするのか」「進め方はどうか」「研修前

後にどんなアプローチをするのか」「集合研修の会場や交通手段は適切か」などを事前に確認して実行します。研修実施は、どれだけ事前に詳細を詰めるかにかかっています。受講生の反応は実際に研修をやってみないとわかりませんが、安心して当日を迎えるために講師や会場責任者等とコミュニケーションを密にして万全の体制が組めるよう努めましょう。

　特に、集合研修の研修当日は受講者の受付や講師接遇、トラブルへの対応等であまり余裕がありません。研修担当だけでなく、副担当や同僚にお願いして複数体制が取れるよう調整しましょう。これらの事項はPlan（計画）の段階で詳細に企画すると間違いありません。時間が許すのであれば、リハーサルや下見を行って確実性を高めていきましょう。

▶▶ Check（評価）の具体的な手法

　研修の Check（評価）は、第5章と第6章で紹介している効果測定等による研修評価です。具体的には、労力やお金を投入した研修に効果があったか確認する作業になります。

　確認の仕方は学校のようなテストだけでなく、アンケートやヒアリング、さらには上司や部下からの評価等のさまざまな「ものさし」があります。また、ものさしで測った効果だけでなく、その研修に対して適切なものさしを使用していたかも確認すべき事項です。

　アンケートからヒアリングに変更するなど、ものさしが大きくなるにつれて確認する側の労力は増加します。研修運営側が欲しい効果を手に入れるために過剰な労力を投入すると、自分自身だけでなく受講生の所属や上司にも負担が生じます。まずは、「効果測定による効果の検証」と「その測定手段」、この2点を確認しましょう。

　研修効果が振るわない場合は、①内容、②人、③運営のいずれかに問題がある状態です。「課題にアプローチする方法が誤っている」「研修対象者が誤っている」「研修運営が非効率である」などが具体的な問題になります。この3つの問題を改善するポイントは、6-5で詳しく述べますが、Check（評価）の段階でもう1つ確認すべきポイントがありま

す。それは、研修費用です。研修を開催する以上、受講者の交通費、受講者の宿泊費、講師派遣料、講師報償費、講師費用弁償、事務局運営費、会場使用料等のさまざまな費用が生じます。

　これらの費用は研修部門だけでなく、所属で負担する場合もあります。研修費用を俯瞰して検討できるのは研修担当だけです。研修全体の費用がどれくらいかかっているのか計算し、あまりにも費用がかさむ研修があれば効率化の観点から改善が必要です。研修日数や時期、研修会場を検討することで、固定費用を圧縮することができます。

　しかしながら、研修業者に支払う費用が高額だからといって、すぐに内製化するのはお勧めできません。研修資料の著作権を侵害するだけでなく、その研修のプロでない職員が前年度の真似をするだけでは効果が担保できないためです。一方、特定のテーマを職員がじっくり勉強する時間を確保できるのであれば、研修内製化はお勧めです。

　ある研修を内製化するにあたり、そのテーマの講義・グループワークの手法をじっくり学べば、研修部門に講師のプロが育ちます。講師のプロがいれば、研修テーマが変わっても研修部門に内製化できる体力がつくため、さまざまな評価をする際の１つの視点として研修部門の職員を育てる意識を持っておくとよいでしょう。

▶▶ Action（改善）の具体的な手法

　研修の Action（改善）は、Check（評価）に対する回答です。ここでは、特定した問題を解決するにはどうするかを具体的な事例を踏まえて考えていきましょう。

　アンケート結果から、KPIとしている研修活用度が低く、自由記述欄の集約から受講生の納得感がないという問題が見えてくるとします。この場合、受講生の納得感はどうしたら得られるでしょうか。

　まずはアンケート結果を深掘りしていきますが、わからない場合は別途ヒアリングを実施して理由を特定していきます。少なくとも、受講生は「業務で使えない」と思っている状態です。納得感を得られない理由として、「①民間で実施している内容がなじまない」「②理想論を述べて

いて実態に合っていない」「③研修目的で挙げている課題に使えない」との意見が特定できたとします。

　ここでやっと、問題に対するアクションが考えられます。

　「①民間で実施している内容がなじまない」のであれば、より自治体にふさわしい表現や手法に修正しましょう。この際、外部講師の意識や話し方も修正できるよう、事前打ち合わせで研修目的や表現を丁寧にすり合わせるとベストです。

　「②理想論を述べていて実態に合っていない」のであれば、受講生やその上司に再度ヒアリングをして、地に足をつけた「あるべき姿」を探しましょう。この際、各所属での個別最適解が異なることから、研修部門として掲げる「あるべき姿」をどれくらい所属に適用するか、上司の協力や判断を仰ぐ場合もあります。

　「③研修目的で挙げている課題に使えない」のであれば、別の学術理論等を参考に新たな解決スキームを考えましょう。もちろん、再度スキームを考える際には、当初のスキームが業務に使えないとする具体的な理由・問題点を丁寧に聞き取る必要があります。これは、新たなスキームを考えなしに所属にガンガン適用すると、何が正しいのかお互いにわからなくなるためです。

　このように、Check（評価）で分析を深めて問題点を特定し、不足する情報があればさらに集め、Action（改善）で解決策を決定し、また研修企画のPlan（計画）に戻ってサイクルを回し改善していきましょう。

6-3 ◎…研修報告書を作成する

▶▶ 自治大学校でのクロージング

　総務省自治大学校では、各自治体から年間数名のマネジメントコース派遣を受け入れています。マネジメントコース派遣者は、自治大学校の業務を受け持つため、総務省職員の身分も併せ持つ「特別研修生」と言われています。

　自治大学校教務部に配属された特別研修生は、業務として1～3つの研修課程を担当する課程担当となります。課程担当は、担当する研修課程の入学から卒業まで研修生と一緒に過ごしますが、課程担当の業務は研修生が卒業して終わりではありません。

　課程担当は、担当する研修課程の終了報告と企画提案を終えるまで、マネジメントコースを卒業できません。しかし、この自治大学校のクロージングこそ研修担当が一番成長できる、「やりがい」のある素晴らしい場でした。そこで、私の自治大学校での経験から学べることをお伝えします。

　終了報告は、研修課程終了から約1か月後に開催する終了報告会議で行います。終了報告会議では、研修アンケート結果をまとめ、課程担当の意見や改善したい問題点を報告書にまとめ、自治大学校長等に報告します。

　具体的には、「前期の特別研修生が提案した変更点が本当に効果的だったのか」「Zoomなど新たな技術を担当課程に取り込めるのか」「新たに発生した問題がなかったか」などを報告します。終了報告会議の校長等の反応等を踏まえて、次に控える企画検討会議の内容を詰めていきます。

　企画提案は、終了報告会議から約1か月後に開催する企画検討会議で

行います。企画検討会議では、次期研修課目、カリキュラム、改善点や新規課目を企画検討書にまとめ、校長等に提案します。当時の校長は新しい風を求めており、課程担当に少なくとも１点以上の改善点及び新規課目の提案が課されました。

　新規課目の提案はアンケート結果から需要を見定め、１つのテーマを決めます。そのテーマにおける国と先進自治体の協議会や研究会、専門誌で取り上げられている先進事例、論文や専門書の内容を参考に、どんな課目にするか考えていきます。

　もちろん、１人で考えて当日を迎えるのはリスクが高いため、教務部職員や教授にアドバイスをもらいながら形にしていきました。情報収集をして、依頼したい講師と課目を考えて、教授陣からアドバイスをもらって……とゼロから考えて練り上げるプロセスは時間がかかりましたが、非常に勉強になりました。新規課目や改善点の提案は、第３案まで作成し、校長等からの想定質問の回答等を準備して当日を迎えます。

　各案の差別化には、テーマの細分化はもちろん、講師の知名度や実績、費用面、メリット・デメリット等を比較できる形で落とし込みます。そして企画検討会議での議論を経ていずれかの案が採用され、次期課程担当へ企画を引き継げば、晴れて課程担当卒業となります。

▶▶ 報告と企画は表裏一体

　自治大学校の研修のように、恒常的な研修では研修実施後に問題を報告書にまとめ、次回の研修企画で改善するのが常です。つまり、研修の問題点を明らかにし、具体的な解決策を実施するプロセスを繰り返して研修を改善していきます。報告と企画は、問題点と解決策の関係であり、表裏一体といえます。

　研修報告書は、受講後アンケートやテストの平均点数、研修担当者の意見で構成します。特に受講後アンケートは、**回答数の多い・少ないだけでなく、他の質問項目と組み合わせたクロス分析ができると理想**です。

　例えば、「研修活用度が高いと回答した受講生は、どのカリキュラムが一番良かったと思っているのか」「逆に活用できないと回答した受講

生はどのカリキュラムに不満を持っているのか」などを分析します。

　アンケート結果とテスト点数の組み合わせも有効です。「満足度が低いと回答した受講生は理解度が低く、テストの点数が低かったのではないか」などの仮説検証にも役立ちます。研修担当者の意見は、客観的なものと主観的なものを区別して記載しましょう。先述したアンケート結果からわかることは客観的な意見です。主観的な意見は、「研修を運営してどう思ったか」「自由記述の意見で共感できるものがあったか」などです。最後に、これらすべてを組み合わせて、研修の改善すべきポイントや次回の新企画の方向性を記載して研修報告書の完成です。

　研修報告書を作成する際は、**組織マターでなく受講生マターで考える**のがポイントです。研修担当者は組織側であり、首長や上司のさまざまな意見にさらされますが、何の目的で、誰のために研修を実施するか見失ってはいけません。

　組織側の無理を通すだけで、受講生が苦痛を感じてしまうような研修は学びにつながらず、最終的に住民の福祉の増進になりません。組織側の中で唯一受講生の視点を持てるのは、研修担当者だけです。**「研修目的の達成」**と**「受講生の学び」**を**どう最大化するのか**。この2つが研修担当者に必要な視点です。

　研修後には、何かしら問題や反省点が生じるかと思いますが、あまりにも洗練された研修では問題等が生じない可能性もあります。しかし、ずっと同じ研修をしていてもあまり意味がありません。近年は新規採用研修でさえ、現状に則してDXスキルの研修が導入されています。問題等が見つけられない場合は、「運営をより効率化できないか」「より現状に則した内容にできないか」「他の自治体と比較して過不足がないか」などの新しい視点で考えてみましょう。

▶▶ 多くの人に見てもらうことが重要

　研修の報告や企画は、孤独な戦いになりがちです。

　人口が減少しつつある中、多くの自治体で1つの研修に対して研修担当が1人しかいない状況が増えています。研修に限らず、どうしても1

人で行っていると、内容が独りよがりになりがちです。

　自治大学校のクロージングでありがたかったのは、多くの人に研修の報告と企画を見てもらえることでした。年齢や立場が異なる多くの人に報告や企画を見てもらうと、1人で主観的に捉えていた物事が客観的になり、多角的な検討を経て、さらなる研修効果の引き上げにつながります。

　自治大学校では、終了報告会議や企画検討会議以外にも別途教授陣に企画を相談できました。教授陣から先進事例等のアドバイスをもらい、図書室の司書の方から参考にできそうな書籍等の情報をいただき、教務部長や係長の意見をもらいながら、最終的に形にしていきました。

　1人で完璧な企画提案ができれば言うことはありませんが、スペシャリストや同僚から新たな視点で意見等がもらえると内容に厚みが出ます。

　報告や企画は明確な答えがない業務となりますが、伴走してくれる人がいるだけで心強く、自走につながります。研修担当は報告や企画業務が属人化しやすい点に留意し、係会や課会といった場を設けて報告や企画に関する意見がもらえるよう仕組み化すると多くの人に見てもらえるでしょう。

　多くの人に見てもらう観点では、他自治体とのつながりも重要です。「他自治体ではどんな研修をしているか」「比較して内容が充実しているか」などは首長や上司からよく質問されます。他自治体の情報はホームページで公開されている研修概要や聞き取りにより収集しましょう。お互いに研修概要をホームページに公開することで、さまざまな自治体の研修担当の目に触れ、研修の比較や内容の検討等に役立っています。

　他には、自治体の研修担当者向けのイベントや研修に飛び込む方法もあります。研修やイベントを通じて人的ネットワークを構築すれば、表面的な研修内容だけでなく、その裏にある研修目的や背景といった情報も交換できます。試行的な研修や取組みはあまり表に出てきませんが、人的ネットワークを頼れば情報がもらえる可能性もあり、非常に魅力的です。

第6章　次に活かす・つなげる！　研修改善のツボ

6-4 受講生が所属する部署は変わったか

▶▶ 研修内容を活かすも殺すも、受講生の上司次第

　本書の冒頭、1-1で紹介した「4:2:4の法則」は、研修の影響度は研修前が4割、研修中が2割、研修後が4割であり、「研修前後の取組みこそ重要である」とする法則です。

　研修後に着目すると、受講生が所属する部署が、研修での学びを活用する機会を与えなければ、せっかく得た知識や技術を忘失してしまいます。また、受講生1人だけが所属部署で行動変容しても、周りから支持されなければ、ただ苦しい思いをするだけです。他にも、所属部署が研修を必要と思わなければ、受講生も研修を必要だと思いません。研修前の動機づけがうまくいかなければ、研修当日に集中できない受講生が増加して研修効果が下がります。

　つまり、**高い研修効果を望むなら、受講生だけでなく所属部署も変えなければならず、所属部署を研修に巻き込んでいく必要があります**。特に影響度が高い研修前後に所属部署を絡めたアプローチを取ると、研修効果を高めるだけでなく、所属部署の行動変容につながるため有効です。

　研修前後の所属部署を絡めたアプローチは、具体的には研修前の動機づけや研修後の評価であり、いかに上司を巻き込むかが照準となります。所属部署を絡めたアプローチを分解すると、同僚または上司へのアプローチになります。同僚へのアプローチも一定の効果はありますが、評価等のルールづくりが難しく効果が安定しない側面があります。

　つまり、研修内容を活かすも殺すも、実は受講生の上司次第なのです。個人の知識や技術を高める研修は、どうしても所属部署になじまない場合は個人一人ひとりで呑み込めます。しかし、組織を変えようとする研

修や迅速で高い効果を期待する研修、確実な研修効果を期待したい研修では、上司を巻き込むべきです。ここでは、意外と難しい研修前後に上司を巻き込むテクニックを紹介します。

▶▶ 受講生の上司を巻き込む工夫

　いくら受講生の上司を研修に巻き込むのが効果的といっても、実際に全研修に上司を関与させるのは難しいでしょう。多様な職員をまとめるマネジメントの難化、答えのない行政課題に対する調整、時代の変化に合わせた知識や技術のアップデート等、上司の負担は年々増えるばかりです。組織全体に必要な研修効果と多忙な上司の業務量を天秤にかけ、巻き込みの必要性、対象、時期、手法等を判断しましょう。上司も人材育成が自分の業務であると理解しているため、負担感が少なくなるような巻き込み方だと少ないハレーションで済みます。

　そして、当然ですが、上司を巻き込みたい研修運営側も企画や受講管理の業務量が倍になります。これらと研修効果を天秤にかけ、本当に上司の巻き込みが必要かを判断していきます。

　多忙な上司を研修に巻き込むには、ある程度強制力のある制度や仕組みをつくるのが効果的です。強制力を伴わない協力のお願いは、「優先順位を付けられない」「お願いならやらなくてもよい」と、上司の意識を１つに合わせられません。

　新規採用職員教育担当者（OJTトレーナー）や部局を超えたメンターの指名、また研修受講率を上司の評価基準に定めることは、人事的な側面が強い制度の代表例です。強制力を伴う施策を実施する場合は、少なくとも要綱や要領を整備する必要があり、不利益処分が生じる場合には条例や規則の制定が求められます。また、「誰が」「何を」「いつまでに」「どれくらい」などの基準を定め、責任の所在をはっきりさせることで、制度や仕組みがうまく機能しない際に問題点を特定しやすくなります。

　一方で、「制度や仕組み化にあまり時間をかけていられない」などの事情もあるかと思います。その場合は、上司に研修の必要性を理解してもらい、サポーター・フォロワーになってもらうのがお勧めです。この

手法を採用するのであれば、上司を対象とした説明会の開催や所属のメリットをまとめたチラシの作成、首長などトップマネジメント層からの伝達、行政経営会議での共有等を実施します。

　具体的な上司の巻き込み方について、研修「前」と「後」に分けて見ていきましょう。

①研修「前」の巻き込み方
　主に受講生の動機づけを目的に実施します。つまり、**受講生に「研修を受けたい」と思わせるような上司のアプローチ**が求められます。
　研修を受けたいと思わせるには、上司が研修目的を理解したうえで所属部署や個人にどんなメリットがあるかを上司なりに翻訳し、伝える作業が必要です。この伝える作業を担保するためには、「人材育成基本方針で上司の果たすべき役割の１つとして明確化する」「人事評価制度（特に業績評価）で研修受講率やKPI達成を設定する」「実施要領で研修前面談の機会を設ける」などの手法があります。
　作業を平準化して上司の負担感を軽減するために、「なぜ受講するのか」や「受講してどうなってほしいか」を順序だてて伝える事前面談シートやアクションプランシートを作成するとなおよいでしょう。

②研修「後」の巻き込み方
　研修効果を担保する、またはさらに高めるために実施します。上司という最も受講生に身近な存在による定点観測は、研修効果が低い場合の軌道修正や客観的な効果測定に寄与します。つまり、研修後の巻き込みは、上司が適切に判断して軌道修正や研修のフィードバックを行えるような情報を研修運営側は提供しなければなりません。
　まず上司の定点観測ですが、アクションプランシートによる伴走がお勧めです。マイルストーンやチェック項目を研修運営側で定めると、上司の負担を軽減しながら一定の効果が望めます。余裕があれば質疑応答集を作成し、上司が判断に困るような事例を少なくするとよいでしょう。
　続く客観的な効果判断は、上司に対するアンケートやヒアリングで行います。研修前後の受講生の業務や態度の変化、上司としての研修に対

する意見は、受講生に対するアンケートを補足する形で研修効果を検証できます。当然、上司と受講生で意見や考え方は異なります。

　例えば、受講生は「研修内容を実践できている」と判断しても、上司は「実践できていない」と判断する場合です。この場合は、受講生の主観的な判断よりも上司の客観的な判断を優先しますが、自由記述欄やアンケートに要した時間から、上司がおざなりに回答していると認められるなら、受講生の判断を優先します。それでも効果検証に悩む事例が生じた場合は、当事者である受講生の意見を尊重しましょう。

▶▶ 根気よく継続し、職場風土を変える

　研修は、職員一人ひとりの能力を向上させ、ひいては職場風土を変える目的でも実施されます。

　例えば、新たな組織論の伝播を目的とする場合、上司のみを対象とした研修を実施するのではないでしょうか。これは今までと逆で、上司が所属部署内に責任を持ってトップダウンで伝播するものです。

　受講生を中心に組織を変える場合でも、上司から部下へマネジメントを効かせて組織を変える場合でも、少数派が多数派になるには時間がかかります。パラダイムシフトを待つのも1つの手ですが、古い考えの人間が去るまで10年以上の時間が必要です。特に研修部門には、全体的に「人を育てる、新しい文化を許容する組織」の推進が強く求められています。

　上司の中には、「俺の背中を見て学べ」という昭和スタイルで育ってきたため、人材育成が上司の業務である意識が低い人もいます。人材育成が上司の責務だと実感してもらうためには、上司を研修に巻き込む方法も有効です。職場風土を変える研修は、人事施策との関わりも少なくありません。人事施策も変化が生じるまで時間がかかるものですが、**見方を変えれば「時間をかけることができる」ことが強み**といえます。

　人事施策は、上からは効果を急かされますが、しっかりと腰を据えて取り組みましょう。根気よく研修を繰り返し、職員一人ひとりや上司の意識、そして職場風土を変えていきましょう。

6-5 ◎…改善ポイントを考える

▶▶ 内容を改善するには？

　内容の改善に取りかかる前に、まずは改善したい研修の目標設定と効果測定を実施しているかを確認しましょう。

　受講生に達成すべきミニマムゴールを示さず、研修効果を測定していない場合は、主観的な根拠だけで改善に向けた議論を進める危うい状況になります。内容を改善する前提条件として、定量的なデータが必要となります。

　目標設定と効果測定を実施し、定量的なデータを入手すると、研修効果が高いのか、あるいは低いのかが明らかになります。研修効果が低い場合、効果を高める内容改善が必要となります。研修前後の取組みや動機づけだけでなく、内容として研修当日の取組みが研修効果の向上に貢献しているかを検討しましょう。

　例えば、「対話力を高める研修」を実施しても、実際に人と話すグループワークがないと実践することはできません。改めて設定した目標を達成できる研修内容かどうか検証する必要があります。他にも、効果が高まらない要因として、課題解決の手段が合っていない場合があります。管理職の能力を引き上げる目的で組織論等を研修しても、実際にはコミュニケーションスキルが不足しているだけかもしれません。本当に研修目的と解決手段が適切な組合せかどうかは、研修実施後にしかわかりません。もちろん、明らかな誤りを排すために十分に企画して論理立てますが、やってみないとわからないことも少なくないのです。解決手段が誤っているのであれば、本来実施すべき内容への変更や他の解決手段である会議や制度づくり等を検討します。細かいところでは、研修に用

いられる語句が民間企業を意識しているものだと受講生に敬遠されがちです。「企業」「社員」「上長」「利益」「売上」「お客様」等の語句があった場合は、すぐ修正しましょう。

▶▶ 講師を改善するには？

講師の改善は、直接的な対立を避けるために、提案で行います。講師も人間なので「あなたの教え方は良くない」と言われると、決して良い気はしません。実際に、研修企画の詰めが甘いまま外部講師を呼んでしまい、受講生の「思っていたのと違う」を招いてアンケート結果が悪化し、その要因を講師に「教え方が悪い」と伝えて喧嘩別れした自治体と研修業者の事例を知っています。講師には、**「研修改善のため協力してほしい」「力を借りたい」というスタンス**で話をしましょう。

図表6-1 講師に起因する問題点（例）

話し方	その他
話し方が威圧的である	時間管理が悪い
思いが強く感情的過ぎる	人を選り好みする
説明のための説明が多くわかりにくい	質問が多すぎる
何かを非難・卑下するように話す	自己情報開示を強要する

講師のうち、外部講師は研修のプロですが、初回から完璧な研修を行うことはできません。受講生との距離感やモチベーションを肌で感じ、細かなカスタマイズをして2回目以降のクオリティを段々と高めていきます。

しかし、同じ内容をずっと行っていると、研修が惰性的になる恐れもあります。一定の緊張感を持たせながら研修のクオリティを引き上げるには、講師と研修担当で現場の肌感覚を共有し、伴走して改善を図る必要があります。

「○○の説明はわかりやすかったのですが、△△は難しい内容なのでもう少し時間を掛けていただけますか」「先生の説明は素晴らしかった

のですが、グループワークの時間を多めに取るのはいかがでしょうか」
「受講生の準備不足もあり、専門的な用語が理解できなかったようです。もう少し平易な表現でお願いできますでしょうか」などの提案をして改善していきましょう。

▶▶ 受講生を改善するには？

「受講生を改善する」と言うと、受講生を責めるような表現ですが、決してそうではありません。研修を企画する際には、対象とする集団の属性が適切かどうかの確認が必要です。受講生の属性は、①知識、②興味、③影響力の3点から分析します。

①知識

受講生の前提知識や経験を指します。受講生の知識や経験はバラバラですが、決して過小評価してはいけません。例えば、職員全員を対象としたDX研修の研修目標を「特定のOAスキルを使うことができる」としても、すでにOAスキルを使うことができる職員は少なくないでしょう。

すでに知識やスキルがある受講生に研修を実施しても、研修に対する満足度や活用度は高くなりません。研修前に、受講生は研修内容を何も知らないのか、知識として知っている程度なのか、職場で活用しているのか、人に教えられるレベルなのかを見定めなければなりません。

簡単なのは、**すでに知識がある対象者を除外する**ことです。具体的には、「関連する研修の受講者を対象外とする」「事前にテストを実施して指定点数未満の者を対象とする」などの方法です。逆にグループワークやワークショップが中心の研修では、受講生のレベルをある程度一致させる必要があります。この場合は事前研修（eラーニング）の実施や事前課題の提出、専門知識や用語がまとまっている資料の配付で対応します。特に事前研修や事前課題は受講者管理がしやすいため、お勧めです。

最後に、すでに持っている知識が新たな学びを邪魔していないか、事後アンケートで確認します。わかりやすい例だと、バブル期以前の人材

育成は「背中を見て学ばせる」「仕事を盗ませる」時代でしたが、現在は「相手の考え方に耳を傾ける」「一人ひとりを支援する」時代に移りつつあります。上司がかつての知識や経験に引きずられ、自分がされた人材育成をそのまま部下に行うと、コミュニケーションギャップが埋まらず人材育成に時間がかかりすぎてしまいます。

　研修に対して不満がある人は、アンケートの自由記載欄にかつての学びとの比較や新しい知識がいかに使えないかを記載してくれます。研修担当は「かつて学んだ内容が変わったのを知らないのか」「かつての学びに執着しているのか」「本当にかつての学びの方が新たな学びよりも組織に合っているのか」を分析します。

②興味

　受講生が興味を持たないまま研修を受講しても、良い結果にはつながりません。研修の目的や受講のメリットを的確に伝え、「そういうことなら受講してみよう」と思ってもらわなければなりません。

　受講生の興味は、4−2で取り上げたESVPで表されます。ESVPとはExplorer（探検家）、Shopper（買物客）、Vacationer（旅行者）、Prisoner（囚人）の頭文字であり、改善にあたっては「『囚人』の『探検家』への引き上げ」を目指します。「囚人」は、本当は研修を受講したくないけれども無理やり受講させられている人で、「探検家」は、研修に興味を持って受講し、新たな学びや経験を見つけようとしている人です。

　囚人を探検家にするには、研修受講のメリットを明確にし、丁寧に発信していく必要があります。自治体では、通知と実施要領を作成して「読んでね」とするスタンスを取りがちです。多忙な職員に見てもらうために、さらにチラシの配布や自治体内のコミュニケーションツール（掲示板や研修情報コーナー）での発信を行いましょう。特にチラシは効果的で、前年度参加者が少ない研修でも魅力的なチラシを配布して参加者が倍になった事例もあります。受講生が身近に感じていそうな課題や問題に対し、「研修を受けると知識や技術が身につき、このように解決できます」と示すと、大変魅力的なチラシといえるでしょう。

③影響力

　受講生が研修で学んだ知識・経験を職場で実践する権限があるかを考えます。初めに疑うのは、受講生個人の職の影響力です。例えば、熱心に中堅職員へマネジメント系の研修をしても、部下がいなければ十分な実践につながりません。

　また、業務権限の影響力も重要です。そもそも、研修で狙う全体最適と職場の個別最適は異なります。そして、職場業務の個別最適を図るのは管理監督者の役割です。実践がうまくいかないときは、①管理監督者が協力的でない場合と、②管理監督者自身の時間が確保できていない場合の2パターンです。具体的には、管理監督者が業務量の増加や優先順位付けを理由に、受講生の時間や業務を確保していないことが考えられます。また、管理監督者が組織内に伝播する時間や他の業務との調整、周りの職員の理解やサポートを得る準備期間を確保できていないのでないかを疑います。前者の場合は上司の巻き込みが、後者の場合は上司の負担を軽くするサポート体制の構築が必要となります。

▶▶ 運営を改善するには？

　運営の問題は、研修部門自身の問題であり、その改善は研修部門自身の改善に直結します。運営を改善するにあたっては、「そもそも研修は誰のために実施しているのか」を意識しましょう。

　①受講生が安心して受講できる環境づくりをしているか、**②今行っている研修は、行動変容を期待する受講生に寄り添っているか**、この2点を中心に運営改善を考えていくと、より具体的かつ効果的な改善につながります。

　受講生が安心できる環境づくりとは、研修のオープニングで心理的安全性の確保や学びのグラウンドルールの設定、受講生にこの場にいたいと思ってもらう場づくりを指します。研修のオープニングやオリエンテーションで受講生同士がどんな人か知り、個人情報は研修会場外に持ち出さないよう約束して自由な質問や議論の活性化を図るものです。この際、オリエンテーションやアイスブレイクの時間を確保できていない、

講師のモチベーションが低い等の問題があると、心理的安全性を確保できずに受講生が安心して学べません。何とかオリエンテーションの時間捻出や短時間でも実施可能なアイスブレイク導入等を行いましょう。

続いて、研修会場は受講生にとって適切だったか確認しましょう。受講生アンケートでよく出てくるのは、会場が狭い、寒い、音が聞こえづらい、投影資料が見えない、私物の置き場がない、昼食を確保できない、公共交通機関から遠い、ホワイトボードなど備品がない、会場側の時間枠と研修時間が合っていないといった意見です。他にも、運営側として会場の禁止事項（飲食禁止等）に抵触しなかったか、予算内に収まったか、持ち込んだ備品の数は足りていたか、当日は受付が滞らなかったか、公共交通機関の関係で帰宅が深夜になった人はいなかったか、パソコンの自動アップデート等で進行に滞りがなかったか、紙の資料が不足していなかったか等をチェックしましょう。予算や立地の問題もあり、研修会場の変更は簡単ではありませんが、1つでも受講生にとっての不満を取り除けるよう改善を図りましょう。

最後は時間です。どんなに素晴らしい研修内容でも、予定時間を超過してしまうと時間管理の問題が生じます。他方、研修が早く終了してしまうと受講生の予定外の帰庁が必要となり金銭面等の問題も生じます。これらの問題を防ぐには、**とにもかくにも**「リハーサル」です。多くの業務に囲まれて時間がない中でも、リハーサルをしないと時間管理の問題が発生し、運営が悪いと非難を浴びせられます。リハーサルができず問題が生じてしまった場合も、内容を改善して再度リハーサルをしましょう。内容を削りグループワークの時間を短くしても、相変わらず時間を超過しているようだったら目も当てられません。ほかにも、時間の観点を研修当日から広げると、全体のスケジュールは適切だったか、研修企画の時間を確保できたか、実施前の調整が十分だったか、実施後のアンケート時期が適切だったか等、全体的に受講生視点を中心にしつつ、研修運営側が時間に不足なく取り組めたかのチェックも必要です。

6 ◎…次年度の予算を立てる

▶▶次年度予算に向けた準備は夏から始まる

　研修の次年度予算準備は夏から本格化し、概ね以下のスケジュールで進行します。特に9月から**本格化する予算査定への対応**に備え、事前準備を怠らないことが重要です。

図表6－2　次年度予算に向けたスケジュール

時期	担当部門	予算に向けた主な動き
7月まで	研修担当	アンケート分析・企画検討
8月	研修担当	・次年度企画の具体化　・参考見積書の徴取 ・概要資料作成 ・次年度研修計画案作成のための検討会議 ・予算資料の作成
9月	研修担当	所属する部署（人事課、職員課等）の経理担当に概要資料、予算資料を提出
10月	経理担当	予算要求見積書を財政担当課に提出
11月	経理担当⇔財政担当課	予算査定開始（ヒアリング・協議・調整）
12月	財政担当課	財政担当課案の作成
1月	財政担当課	首長査定
2月	財政担当課	予算案公表

　研修担当が所属する部署（人事課、職員課等）の経理担当とのやりとりは9月頃から始まります。経理担当は、財政担当課との予算査定までに、部署内の次年度予算に関する事業の概要、要求額及び新規事業を大まかに把握するため、研修担当に概要資料と予算資料の提出を求めます。しかし、9月は全研修の効果測定が終了していないため、概要資料に載

せるデータは一部前年度のものとなります。そこで、経理担当に資料を提出する際は、どれが更新予定のある資料なのかわかるようにしておく必要があります。

　なお、基本的に研修担当は財政担当課と直接やりとりをしません。財政担当課との調整は、経理担当が担います。提出した概要資料や予算資料について、経理担当から論理等の指摘があった場合は、研修部門内で不足情報を補足するか、戦略を見直すかを速やかに判断します。

　査定の壁を乗り越えるためには、研修担当と経理担当の呼吸を合わせることが肝要ですが、まずは経理担当が財政担当課に説明しやすいよう、できるかぎり論理的でわかりやすい資料を提供することが重要です。

▶▶ 概要資料を作成する際のポイント

　まずは、概要資料の作成です。第2章で作成した研修設計書（図表2-8）に沿って企画すると、比較的簡単に作成できます。概要資料は、経理担当や財政担当課が大まかに事業概要や要求額を把握するために作成します。経理担当や財政担当課は、研修を事業として評価するため、予算要求では、①必要性、②手段、③効果、④期間、⑤要求額の5点を明確に説明する必要があります。**これらの事項を盛り込み、ワンペーパーにまとめた資料が概要資料**です。9月に経理担当に概要資料を提出し、査定を通じて随時修正していきます。概要資料に盛り込む5点に沿って、作成する際のポイントをお伝えしましょう。

①**目的**――なぜ厳しい財政事情の中で研修事業を実施するのか

　予算査定では改めて研修の目的や意義が問われるため、概要資料には解決すべき課題、受講後のあるべき姿、習得させる知識・技術を示す必要があります。新しい研修を設計する場合は、目的、課題、対象者、内容が既存研修と重複していないかを確認します。**既存研修の拡充で対応できるものでない場合にかぎり、新しい研修の必要性が認められます**。また、予算査定では研修の目的が人材育成基本方針や総合計画、行政経営理念と一致しているか、そして首長の方針とも方向性が合っているか

が確認されます。

② 手段——どのように研修を実施するのか

手段（開催手法）が目的、対象者数、効果、要求額と見合っているかが評価されます。また、経費削減の工夫があるかも重要なポイントです。例えば、**目的と手段が適切に対応しているかどうか**、いわゆる「比例原則」に基づいて検討されます。経費削減策としては、オンライン化や内製化の導入を検討したかが問われます。オンライン研修は集合研修に比べて旅費や使用料を削減でき、年度内に複数回実施する研修を内製化することで報償費や役務費の効率化につながる場合があります。さらに、集合研修や外部研修である場合は、「集合して横のつながりを強化する」「専門家の講義を活用して新しい理論を効率的に導入する」など、実施の意義を整理しておくことが重要です。

③ 効果——KPIは何か

予算査定で特に厳しく問われるポイントです。効果が不明瞭な事業に予算を付ける合理的な理由はなく、財政担当課は事業の具体的な成果指標（KPI）を求めます。**特に新しい研修は実績がないため、より厳格なKPI設定が求められます**。KPIは、研修目的に対し、測定可能で時間制約のある数値として設定することが必要です。一般的なKPIとして、受講者数、研修時間、実施回数、行動変容率、習得度合（効果測定の正答率等）、満足度、活用度、改善効果（削減される超過勤務時間数）等が挙げられます。

④ 期間——いつからいつまで実施するのか

期間はKPIとセットで議論され、**研修の実施時期が適切か、KPIをいつまでに達成するのか、達成できないときはいつ廃止するのか**が問われます。特に、臨時的経費を要求する場合は、期間の妥当性が大きな論点となります。例えば、総合計画に関連する研修であれば、5年間でKPIを20%ずつ達成し、未達の場合は原因分析と対応策の検討を行いながら継続する、といった進め方が想定されます。

⑤要求額——どの予算がいくら必要なのか

　各事業の予算は、性質、目的、財源別に分類されます。性質別の分類は自治体ごとに異なるため、資料に金額を記載する前に経理担当と調整し、どこまで載せるかを確認しましょう。多くの自治体では、職員研修事業（職員研修費）の予算は一般財源の裁量的経費（任意的経費）に該当し、全額がシーリング（予算上限）の対象となり得るため、**一時的な行政需要に対応する研修については、臨時的経費で要求**します。特殊な例ですが、新型コロナウイルス感染症対応地方創生臨時交付金といった特定財源が利用可能な場合があるため、国の交付金の動きにも注意しましょう。

　また、概算資料の要求額には性質別分類を見越して歳出予算の節区分を載せる場合があります。歳出予算の節区分は各自治体の運用で異なるため、例を図表6-3のとおり示すので参考としてください。

図表6-3　歳出予算の節区分（例）

節	内容
7節　報償費	講師、アドバイザー、手話通訳者等に対する謝金
8節　旅費	講師へ支払う実費負担の交通費、宿泊費等
10節　需用費	消耗品の購入（看板代、印刷用紙代、講師飲料水代、参考図書代等）
11節　役務費	研修業者から提供される役務（研修業者の業務として講義等を依頼した講師派遣料等）
12節　委託料	研修に係る一切の業務（企画、事務、運営等）を委託する場合の委託料等
13節　使用料及び賃借料	研修会場使用料、備品使用料（マイク、スクリーン、冷暖房利用料等）
18節　負担金、補助及び交付金	所属自治体以外の者が主催する研修の受講料、派遣研修の参加費 資格取得、外部講座受講、大学院修学、職員自主研究グループ活動支援等の自己啓発に係る助成

▶▶ 予算資料を作成する際のポイント

　予算資料は、各研修の関係や要求額、職員研修全体の総要求額を把握

するための資料です。さまざまな様式がありますが、次年度研修体系図案に要求額を追加し、予算資料とする自治体が多いようです。概要資料との関係では、**概要資料が各論、予算資料が総論**という位置付けになります。

　予算資料の作成にあたっては、概要資料が出揃った段階で、次年度研修計画案を作成するための検討会議を開催します。会議では、当年度の研修計画の評価や次年度研修全体の基本的な考え方（方針）、新たな取組み（重点事項）、研修体系（各研修の関係）について、研修部門内で認識を統一し、予算要求すべき研修の順位付けを行います。

　この時点で、財政担当課から予算編成方針やシーリング（予算上限）が示されている場合は、どの研修を廃止し、いくら要求額を圧縮するかも議論します。次年度研修計画案作成後は、首長や行政経営層の意向を反映させるため、速やかにレクを実施し、了解を得ることが重要です。

▶▶ 新しい研修をつくる際のポイント

　予算要求の中でも、「新しい研修をつくる」ことは容易ではありません。なぜなら、職員対象の事業よりも住民対象の事業の予算が優先されがちだからです。このため、職員を対象とする職員研修は長年予算を増やしにくい状況でしたが、近年は組織開発や人材確保の観点から重要性が高まり、ようやく追い風が吹いてきました。

　しかし、追い風に甘えて無闇に新しい研修をつくるべきではありません。研修の乱立は、研修を企画・運営する職員の負担増になるだけでなく、人材育成基本方針で掲げる「目指す職員像」との乖離を招き、研修担当に対する不信感を募らせる原因となります。さらに、受講生やその上司の不信や不満が強まると、感情的な反発が生じ、研修を受けても行動変容につながりにくくなります。

　新しい研修をつくる際には、先述のとおり、**既存研修の拡充では対応できない明確な理由や必要性について、理路整然と説明できるかが鍵**となります。

第7章
学び続ける！研修担当の仕事術

7|1 ◎…人材育成を トータルで考える

▶▶▶ 人事諸制度(人材育成基本方針、人事評価)との関連

近年、自治体における研修は、人事諸制度との関連性が重要視されています。特に若手を中心に職員のキャリア形成意識が高まり、「将来的にどんな研修が何回あるのか」「この研修は人事上どんな位置づけなのか」といった声も多く上がるようになってきています。

人事諸制度は、地方公務員法に基づきながら、各自治体で首長のリーダーシップや職員同士の対話・研究結果の下で運用されています。人事諸制度を簡潔に表すと図表7-1になります。

図表7-1　人事諸制度のPDCAサイクル

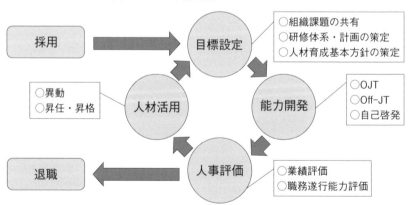

研修担当には、採用から退職までの時間軸と人事評価制度等を活用したPDCAサイクルの理解、そして人事諸制度における各研修の位置づけや効果に関する説明が求められます。

人事諸制度の中でも、研修（人材育成や能力開発）は、人事評価制度と密接な関係があります。研修で達成しようとする目的は、「組織が職員に求めること」に他なりません。「組織が求める方向に職員に成長・行動変容してもらう手段」が研修ともいえます。

　大別すると、組織は職員に以下の5つを求めています。

> ①行政経営理念・戦略・方針の体現
> ②階層別に求める能力の獲得・発揮
> ③管理監督者に求める能力の獲得・発揮
> ④職種別に求める能力の獲得・発揮
> ⑤地域課題の解決や社会的要請の達成

　人事諸制度において、これらの「組織が求める職員像」を明確にし、職員が理想の職員になれるよう育成し、求める職員たる能力を獲得・発揮しているか、業務等を通じて定期的に評価するのが一連の流れです。

　人材育成基本方針は、求める職員像がわかりやすくアウトプットされたものです。研修が人材育成基本方針に基づく以上、その裏にある人事制度（標準的な職員がどのように昇任し、研修を受けていくのかなど）や人事評価（評価のために用いられる別の能力基準や行動基準がないかなど）の理解と情報収集がどうしても求められます。

　最近の話題としては、定年の段階的な引上げ（令和5年4月1日施行）や会計年度任用職員の勤勉手当支給開始（令和6年4月1日施行）がありました。前者では、職員人生が大きく変わるため、階層別研修のあるべき姿が、後者では、適切な勤勉手当支給のため、評価手法を平準化するというあるべき姿が議論されました。

　議論の結果、例えば、「定年延長を見据えた50代からのキャリアデザイン研修」「定年延長後もいきいきと働くためのモチベーションアップ研修」「新たな人事評価を適切に実施するための評価者研修」等が各自治体で生み出されました。

▶▶ 経営諸施策（行政経営理念等）との連動

　研修は、人事諸制度だけでなく、行政経営とも関連があります。地方自治法において、自治体は「最少の経費で最大の効果を挙げるようにしなければならない」とされ（2条14項）、同時に「常にその組織及び運営の合理化に努める」とされています（同条15項）。

　これらの要請に応えるため、各自治体は行政経営の基本的な方向性を「行政経営理念」（戦略・方針・プランなど名称は自治体による）として定めています。行政経営理念等は、各自治体の基本的な考え方そのものであり、職員はこの考え方に基づいた業務の遂行が期待されています。行政経営理念等は総合計画と同じく、定期的な見直しや新たな首長のマネジメント発揮や行政改革推進のために変更がなされます。これらの見直しや変更があった際は、職員に新たな考え方を浸透させるため、研修という手段が取られるのです。

　例えば、有名な経営理念のフレームにピーター・F・ドラッカーが提唱した「ミッション・ビジョン・バリュー」があります。この3つが組織に浸透していると、職員のモチベーションアップや採用での組織アピール等に役立ち、長期的には持続可能な組織づくりや成長につながります。

図表7-2　ミッション・ビジョン・バリュー

ミッション	目指す目的や使命、経営理念を指し、組織が最初に取り組むべき仕事。組織の根幹をなす存在意義を定義し、日々果たすべき業務の正当性を示すもの
ビジョン	ミッションを具現化した将来像や中長期的な数値目標。ミッションを叶えた後の姿を職員に共有し、向かうべき方向性を具体的に提示して求心力を強化する。なお、ビジョンは時代に合わせて変化するとされる
バリュー	ミッションやビジョンを実現するための具体的な価値観や行動指針（行動基準）

　組織は組織目標を達成するために、この「ミッション・ビジョン・バリュー」に基づいて業務にあたっているか評価します。

実際の評価では、ミッションに基づいて各所属長が所属職員に向けて再定義したビジョン・バリューに沿って人事評価がなされます。そのため、所属長が自治体のミッションを正しく理解すること、また職員が与えられたビジョン・バリューを理解することを目的として研修が行われます。したがって、行政経営とも関連性があるのです。

▶▶▶「あるべき姿」をはっきりと描く

　研修は、人事諸制度や経営諸施策と切っても切れない関係にあります。そして、何か課題が生じた際に、首長をはじめとしたマネジメント層は研修実施を指示します。

　一方、受講生側は五月雨式の研修に対して、「場当たり的で人材育成が迷走している」と感じるため、研修部門はそれぞれを研修と連動させて納得感を持たせなければなりません。つまり、行政経営理念等をふまえた人事理念や実現を目指す人材育成基本方針を定め、方針に基づいた「能力開発体系」「研修体系」「研修計画」の策定が重要になります。

　人材育成基本方針やビジョンを定めるにあたっては、総合計画や行政経営理念を達成するために必要な職員の「あるべき姿」を明確にします。例えば、行政経営上、「変革力」を重要視し、住民感覚やコミュニケーション能力、課題に対する創造的思考、積極的に困難に挑戦する姿勢を職員に「あるべき姿」として示します。

　「あるべき姿」を設定する際には、よくコンピテンシーが用いられます。コンピテンシーとは、**一般的にハイパフォーマー（高い成果を上げる人材）に共通してみられる行動特性**であり、組織が設定する職に任用する際の基準を指します。組織が定める「あるべき姿」に最も近いハイパフォーマーの行動特性をアンケート等により具体化・明確化し、その行動特性を身につけるために研修を実施していきます。また、コンピテンシーと人事評価制度の評価項目を連動させることで、行動の質を上げていくことも期待できます。

　研修実施の根拠として強力な一方、コンピテンシーは「抽象度が高くなりがちで評価が難しい」「定期的なメンテナンスが必要」といった課

題があり、運用の際は注意が必要です。

▶▶▶ トータルシステムの「出口」としての研修

採用から退職まで、図表7-1で示したサイクルを通じ、行政経営理念や総合計画の実現を支えるため、人事諸制度と経営諸施策を相互に連動させながらトータルシステムで行う人材育成を「人材マネジメントシステム」と呼びます。その全体像を示すと、図表7-3のとおりです。

人材マネジメントシステムの中では、研修はあくまで能力開発の一部です。出口としての研修だけを見ても、一般職員はその裏にある人事諸制度や経営諸施策、大元にある行政経営理念等にたどり着けません。研修担当は、人材育成の全体像の中で担当研修がどの制度と結びついているのか受講生に翻訳する必要があります。いつでも説明できるよう、人材マネジメントシステムの入口と出口の関係性をきちんと意識しておきましょう。

図表7-3　人材マネジメントシステムの全体像

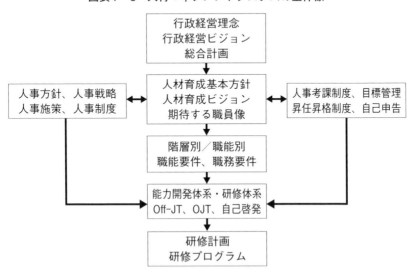

7/2 ◎…教育体系の基本を知る

▶▶ 教育体系の構成（方針⇒職員像⇒体系⇒計画）

　ここでは、人材育成の基本であり、研修根拠とされる教育体系に触れます。人材育成には、新規採用職員研修をはじめとした階層別研修や、職場で行うOJT、幹部昇任試験、自己啓発支援等のさまざまな施策があります。

　多様な人材に対応するため、さまざまな施策が行われる一方、それぞれの施策同士が連携していないと、職員は研修の受講目的や立ち位置がわからず、「何のために研修を受けているのか」「組織は自分に何を求めているのか」と組織の人材育成に対して不満を持つようになってしまいます。

　そこで、**人材育成に関する施策をつなぎ合わせ、方向性を取りまとめるのが、教育体系**です。教育体系は、職員に実施する教育を体系的・計画的・継続的に進めるための研修を体系化したものであり、各階層に実施する研修や職種別、課題別に実施する研修等を整理してまとめたものです。

　教育体系は、以下の5つで構成されます。

①人材育成方針
②期待する職員像
③期待する役割と能力
④研修体系図
⑤研修計画

特に、①人材育成方針は、当時の自治省から「地方自治・新時代に対応した地方公共団体の行政改革推進のための指針」（平成9年11月14日付自治整第23号）により、各自治体に人材育成の目的、方策等を明確にした基本方針の策定が求められました。また、現在も総務省から「人材育成基本方針策定指針の改正について」（令和5年12月22日付総行給第71号、総行公第130号、総行情第111号）により、ポスト・コロナ期の地方公務員のあり方に関する研究会の報告書や第33次地方制度調査会答申でさらなる改正が求められているところです。

　他にも地方公務員法第39条第3項の規定や各自治体の研修例規に基づき、毎年度研修計画の策定と公表がなされ、研修担当にとっては身近な存在です。教育体系策定の全体像は図表7-4のとおりです。

図表7-4　教育体系策定までのフローチャート

現状確認	・地域や行政経営の課題確認（住民や首長等の課題感覚） ・人事や組織の課題確認（職員や管理部門等の課題感覚）	約1か月
調査	・調査設計（アウトプット指標の設定や調査手法等の企画） ・調査実施（資料分析・アンケート等）	約2〜3か月
体系策定	・人材育成手法や期待される職員像の変化（職員座談会等） ・階層別に期待される役割や能力の具体化	約2〜3か月
詳細設計	・研修体系図や研修計画の作成 ・教育体系の周知	約2か月

▶▶人材育成方針の作成

　教育体系の構成要素の中で、すべての基盤となるのが人材育成方針です。人材育成方針とは、組織の人材育成に考え方や目的・目標を定めたものです。つまり、行政経営の目的や地域経営の課題を解決するための人材育成に関する目標となる指針であり、人材育成に関する施策を行ううえで連携させなければならない理念や考え方をいいます。

人材育成方針は平成になってから、①旧自治省・現総務省からの推奨に応えるため、②首長交代等による新たな行政経営指針・マネジメント手法を周知徹底するため、③KPIを定めて人材育成の評価を実施するための3つの目的で各々作成してきた経過があります。

　人材育成方針には、主に①**人材育成の目的と意義**、②**人材育成の重点方針（施策）**、③**研修、OJT、自己啓発支援等の位置づけ**、④**人事制度や行政運営（改革）施策との関係**、⑤**職員の能力開発に対する期待**の5点を盛り込みます。

　人材育成方針を作成する際に大変なのは、組織の問題や職員の意識を調査するアンケートやインタビュー、そしてトップマネジメント層との調整です。調査や調整の結果は報告書といった形で求められます。報告書を基礎とし、その求めに応じて人材育成方針を策定する流れが一般的でしょう。担当は職員の求めと首長等の求めにギャップがあるのを皮切りに、行政経営方針との関連性や表現で板挟みになりがちです。「産みの苦しみ」と言うように、人材育成方針の改定や策定には多くの労力が必要ですが、もしあなたが担当ならば、腹を括りましょう。改定や策定が終われば、きっと至極の達成感が得られます。

▶▶ 期待する職員像・役割・能力の作成

　期待する職員像では、自治体が職員に何を期待しているのかを具現化します。基本は「全職員に共通して求める職員像」と「階層別に定める職員像」の2種類の作成ですが、イメージしやすいよう職種別（行政、建設、農業、化学等）で作成する場合もあります。

　全職員に期待する職員像は抽象度が高くなるため、階層・職種別に定める職員像で期待する役割や能力を示していきます。例えば、全職員に期待する職員像には「自ら学び、時代の変化に対応して住民のために動ける職員」といった抽象度の高い表現が使われます。それに対し、階層・職種別に期待する役割（例：主事／住民の声を傾聴し、整理して適切な案内ができる）や能力（例：課長職／組織マネジメント、問題解決・合意形成力、部下の管理・育成等）と明確にします。

役割や能力を明確化した表は「階層・職種別スキルマップ」や「コンピテンシー体系図」と呼ばれます。
　続いて、期待する役割と能力では、まず「求められる役割は何か」「能力とは何か」を定義しなければなりません。職員アンケートから導こうとすると喧々諤々になる可能性が高いため、**大筋を首長や各職種の長等にトップダウンで決めてもらう**とよいでしょう。
　役割や能力の定義は、最初は粗々でもやむを得ません。首長交代による再作成や計画で設定する評価期間の到来により、3〜5年スパンで役割や能力を見直すため、その際に次のトップや次期幹部候補職員等を巻き込んでより良い職員像・役割・能力を定めていきます。なお、期待する職員像は人材育成方針と密接な関係があるため、序盤から着手しなければなりません。この際、コンセンサスが得られやすい職員像を作成するためには、若手職員を中心とした企画検討チーム（プロジェクトチーム）を編成するのが有効です。

▶▶ 研修体系図・研修計画の作成

　期待する職員像・役割・能力が決まると、現状とのギャップが明らかになります。そして現状とのギャップの解消するため、研修を実施するという流れに整理できます。
　例えば、係長職に「マネジメント基礎能力」として業務管理や部下指導を設定し、係長昇任前に試験や研修を実施しない場合は、昇任後に必要な知識と技術を教え実践させる研修が必要です。
　他にも、人材育成方針の中で重要視する能力（DXスキル等）を全職員に設定する場合は、アセスメント（テスト等）で基準を下回る職員を特定し、一定レベルまで引き上げるための研修が必要です。
　このように、期待する職員像等に対して現状とのギャップを解消する研修を決定し、階層・能力別に研修の目的、対象者、内容、方法等を整理して図や表にまとめたものを「研修体系図」と言います。
　研修体系図は人材育成方針の具体的な出口であり、管理部門が職員に何を求めて、何を行うのかを整理した一枚絵です。研修体系図は、基本

図表7-5 研修体系図（例）

的に職員に人材育成の全体像と具体策を理解してもらうために使いますが、他にも他自治体の研修体系との比較や研修業者等との対外的な交渉にもよく使われます。

　そして、最後に研修体系図をさらに具体化し、各年度においてどんな研修を実施するのか整理した研修計画を作成します。

　研修計画では、当該年度に注力する人材育成方針の施策（年度方針）と年度方針に沿った研修・自己啓発支援・OJT支援等の実施計画を盛り込みます。年度方針では、人材育成方針で事前に5か年スパンで設定される場合と、前年度の効果測定結果からアジャイル的に設定される場合があります。

　研修計画では、①いつ、②どこで、③**誰に、**④**何のために、**⑤**どんな方法**での5点を明示し、人材育成方針と現実との橋渡しを行います。研修計画は人材育成方針を具体化できる最後の項目であるため、職員等に渡す情報に取りこぼしがないよう留意しましょう。

7-3 ◎…人材育成の
トレンドをつかむ

▶▶ 時代は回る、トレンドも回る

　人材育成に限らず、トレンド（流行）は日々変化しています。ファッショントレンドは約20年周期で繰り返されるといわれますが、実は、人材育成でもかつてのトレンドが再注目される場合があります。

　人材育成トレンドに対して、研修担当は日頃から「広く浅く」接するよう心がけましょう。トレンドをつかんでおくことは大切ですが、振り回されてはいけません。広く浅く知っておき、じっくり調べるのは深い知識を求められる場面になってからで十分。真面目にすべてのトレンドと深く付き合おうとすると、どれだけ時間があっても足りません。

　人材育成のトレンドは、組織経営理論かマネジメント手法のいずれかに分解されます。そして2024年現在、完全に新規のトレンドはあまり出回っておらず、かつてのトレンドの再興か既存の組合せが多い印象です。

　例えば、ピーター・センゲが1990年に出版した『The Fifth Discipline』で提唱した考え方である**「学習する組織」**と**「システム思考」**は、変化の激しい現在こそふさわしいと再注目されています。

　一方、トレンドからしばらく時間が経ったからこそ、評価が変わった理論もあります。フレデリック・ラルーが2014年に出版した『Reinventing Organizations』で提唱した**「ティール組織」**は当時大注目されましたが、概念や日本企業での導入の難しさ等から現在では下火になりつつあります。しかし、ティール組織の中の一人ひとりが自ら設定した目標や動機によって生じる力を経営に活用する「自主経営」、組織内の心理的安全性を高めて職員の個性や長所が発揮できる環境を整えて組織が生み出す

力を最大化する「全体性の発揮」等は大きな潮流として引き継がれています。

▶▶ トレンドの濫用には要注意

　トレンドとの距離を適切に保っていても、首長等の行政経営部門から「すぐ適用するように！」と難題が振られるかもしれません。しかし、これに対して人事部門と研修部門がすぐ応えるのは禁物。まずは「勉強します」と返しましょう。

　人事制度や人材育成手法を流行りに合わせて頻繁に変更すると、職員からの支持や興味、信頼が失われます。職員は「また首長が何か言ってるよ」「流行りの手法を入れても現場には合わないよ」としか思いません。首長等が思う必要性と現場の思う必要性は、視座の関係からもズレが少なくありません。このズレを修正するのが人事及び研修部門の仕事ですが、むやみやたらに聖域を侵してはなりません。

　首長等には組織のダメージが見えにくいため、組織のためを思って、対処療法的な施策をすぐ適用するよう指示が飛んできます。**まずは落ち着いて首長等の要望を傾聴し、課題を明らかにしたうえで制度変更等を議論する必要があります。**そして、変えるなら行政経営・人事・研修部門のすべてが本気でやらないと定着しません。

　変化には痛みが伴います。例えば形だけ1on1を導入した結果、上層部は満足して終わり、現場では最適化された動きが崩れる場合があります。トレンドの導入は、組織や既存ルールの変更と同義です。新しい制度や手法を思いつきで導入するだけでは、ヒト・モノ・カネが無駄に消えるだけです。

▶▶ 組織が職員の健康・働き方・働きがいを支援

　日本の人材育成の特徴は、今も昔もOJTです。所属の先輩や上司から伴走的に教育支援を受ける一般的なOJTのほか、人事異動により各部門でのキャリアを重ねて組織運営と内部統制を学ぶ組織内OJTも含

まれます。

　しかし、現在は市場のグローバル化や人口減少により働き方が変わりました。就職前の訓練や組織内で経験を積み、実力で組織を渡り歩いてキャリア形成を行うアメリカ式の働き方が台頭しています。このため、民間企業は優秀な人材を確保するために社員ファーストな人事施策を展開しているところです。

　社員ファーストな人事施策とは、職員が健康で、ストレスを感じずに働き、働きがいを感じて人生がより豊かなものになるような支援です。健康の観点では「福利厚生の充実」が、働きやすさでは「職場のハード及びソフト面の整備」が、働きがいでは「多様な働き方とキャリア選択の充実」が求められています。具体的には、健康経営、パーパス経営、エンゲージメント、ワークライフバランス、ES（Employee Satisfaction）、ウェルビーイング等のよく見聞きするキーワードとして表れています。

　そして、組織のリーダー像も変化しています。強力なリーダーシップを発揮してトップダウンで統制するリーダーより、部下とのコミュニケーションを重ねて部下が成長を実感できるようなリーダー像が好まれています。つまり、部下は「俺についてこい、責任はすべて取る！」と言うリーダーから**一緒に考えよう、君の強みである○○の力を貸してほしい**」と言うリーダーを求めているのです。

　この考え方は経営組織論の1つである人間関係論（Human Relations Theory）に共通するポイントです。人間関係論は、1920年代に心理学者エルトン・メイヨーらが考案した経営組織論です。他にも1960年代頃にトレンドだった組織マネジメントにおける自己実現人モデルとも共通点があります。自己実現人モデルとは、人は自律的に行動し、自分の価値観を大事に生きたいと思う生き物だとする考え方です。この考えでは、上司は部下が業務を通じて達成感や成長の喜びを感じるよう、仕事の意義ややりがいを教えてマネジメントすべきとしています。

　以上からも、人材育成のトレンドは昔から変わっていないとも、グルグル回っているとも言えます。

▶▶ キャリアデザインによるキャリア開発支援・成長機会の提供

　人事院の有識者会議（人事行政諮問会議）は、令和6年5月に国家公務員のなり手不足に対する中間報告を取りまとめました。その概要は、以下の図表7-6に示す5つの施策により人材の価値を最大限に引き出し、組織パフォーマンスを最大化することで世界最高水準の行政サービスを提供しようとするものです。

図表7-6　人事行政諮問会議中間報告における5つの施策

1.「行動規範」の明確化
禁止事項ではない、主体的・意欲的に働くための「行動規範」を明確化

2. 職務ベースの報酬設定、能力・実績主義の徹底
✓ 職務内容や必要なスキルの明確化
✓ 職務に応じた報酬水準の設定
✓ 年功的処遇からの脱却

3. 自律的なキャリア開発と成長支援
✓ 納得性のある人事評価と適切なフィードバックによる育成
✓ 職員が希望する仕事への挑戦を可能に

4. 魅力ある勤務環境の整備

5. 採用手法の改善

出典：「人事行政諮問会議　中間報告のポイント」（2024年5月）をもとに作成

　公務員の給与等勤務条件は人事院勧告等によって公正公平を重視して決定されるため、民間企業のように賃金や報酬の引上げによる人材確保は困難です。したがって、裁量のある人事施策を実施する場合は、自律的なキャリア開発でやりがいを充実させるなどのソフトな施策を打つしかないのです。

　昨今、公務員の世界でもキャリアデザインが注目されています。キャリアデザインとは、自分の価値観や考え方を明らかにし、仕事を含む人生全体で目指す姿等を自分自身で主体的に設計する手法です。

　具体的には、「自分の人生で何が重要なのか」「5年後や10年後にどうなりたいのか」「なりたい姿のために必要なスキルをどう身に着けて

いくか」などを明らかにし、モチベーションアップを図るものです。キャリアデザインを推進しようとすると、「理想の公務員像」を明確にする場合、「やりたい仕事ができるわけではない」「人事は自分でコントロールできないから意味がない」と反論を受けます。だからこそ、組織で制度として長期的・体系的に管理・支援する必要があるのです。

例えば、あらかじめ組織が「やってほしいこと（Must）」を明示すれば、職員一人ひとりが与えられた情報から「やりたいこと（Will）」と「できること（Can）」を考えます。具体的には、各部署で何をやっていてどんな能力を持つ人材が欲しいかを明らかにするキャリアカタログや、DX人材等の将来を見据えて重要視するMustでは、**Will・Can・Mustの重なる部分が増えるように自己啓発支援やキャリア面談を実施**すると、組織の課題解決と職員のやりがい充実を同時に推進可能です。

図表7-7　Will・Can・Mustの考え方

重なりが多くなるほど、やりがいを感じて働くことができる

また、自発的にキャリアデザインを行うと「現在必要とされている能力・スキル」を自分で考えて学習し、偶発的な人事異動も転機として前向きに捉えるなど、随時「なりたい自分」を再構築するため、変化の激しい時代に対応する人材育成にも資します。

一方、キャリアデザインは自分の価値観を重要とするため、本人が「現在の働き方は自分の価値観に合わない」「この業務では成長できない」と考えた結果、離職するのを否定しません。Will・Can・Mustが重ならず働き続けるのは本人にも組織にとっても良い影響がないためです。

したがって、離職を防ぎたいのであれば、上司が面談で「あなたには○○を期待しています」「先日の業務では□□が素晴らしかったですね。あなたには△△に適性があると考えています」「組織では◇◇の人材を

求めています。チャレンジしてみませんか？」などと伝えることが有効です。本人の「なりたい姿」を「現実の姿」に照らしたフィードバック、組織が求めている人材要件の明示など、コミュニケーションを密にしてやりがいを感じさせるのです。

▶▶トレンド調べに役立つサイト5選

　日頃からトレンドを広く浅く調べるには、複数の情報源を持っておくと便利です。ここでは、私が実際にトレンド把握や深掘りに使っていたサイトを5つお伝えします。

　いずれのサイトも余裕があるときに目を通すだけで、ある程度トレンドやキーワードを把握できるでしょう。あまり気負いせず、気楽に情報収集して研修担当としての知見を深めていきましょう。

①経済レポート専門ニュース

（http://www3.keizaireport.com/）

　インターネット上で無料公開されている経済関係のレポートを紹介する情報提供サイトです。何か知りたいキーワードがある場合、人材育成分野に限らず国の審議会等の報告書や民間の研究所のレポートを横断的に検索できます。

②リクルートワークス研究所

（https://www.works-i.com/）

　サイト上部に「注目のキーワード」が可視化されているほか、研究プロジェクト、報告書・論文、調査、事例等が公開されています。リクルートワークス研究所では労働政策、労働市場、組織人事、個人のキャリア、キャリア教育、人材ビジネスに関する情報が収集可能です。特に隔月発行される機関誌「Works」では最新の情報と課題が特集されており、勉強になります。

③HRプロ

(https://www.hrpro.co.jp/)

　「採用」「教育・研修」「労務」「人事戦略」などに携わるプロフェッショナルを支援するポータルメディアです。さまざまな情報やサービスを紹介し、HR（Human Resources／人的資源・人材）領域の活動をサポートしてくれます。ブログ形式でさまざまなキーワードが記事にされているほか、無料でHRに関するオンライン講座も受講可能です。聞いたことのないキーワードを調べる辞書的な使い方や民間企業のセミナー・勉強会の把握、人事用語の口語的な解説が欲しいときに記事をよく利用しています。

④ジャパンソリューション推進冊子「ENERGY」

(https://www.insource.co.jp/energy/index.html)

　株式会社インソースにより、春夏秋冬の年4回発行され、最新の人材育成情報と同社独自の分析がなされています。他にもインソースでは「研修の手引き　研修のご担当者さま向け」や「各年の新人の傾向まとめ」といった即使える資料が充実しているのも高評価です。

⑤総務省自治大学校図書室

(https://jitidai.opac.jp/opac/top)

　総務省自治大学校図書室の蔵書は総務省職員である教授陣が選書して購入されています。人材育成に限らず、DXやゼロカーボンといった最新の課題や引用すべき資料等に当たりをつける蔵書検索がお勧めです。他にも教授陣が強くお薦めする書籍は「推薦図書」としてピックアップされており、一読の価値があります。

7-4 ◎…人的ネットワークを構築する

▶▶▶ 人材育成は官民の共通言語

　加速する人口減少社会の中、限られた人員でどう業務をこなしていくかは社会全体の課題です。この課題に対するアプローチはさまざまですが、DXに代表される業務改善・効率化は、投資金額や規模により組織間で大きく異なります。また、営利を目的として機動的に事業スクラップできる民間企業に比べ、自治体は公共・公平性の担保が必要な事業や、法定受託事務があるため、事業スクラップには時間がかかります。

　一方、人材育成は、組織目標や求める人物像に違いがあるものの、迅速に一人前の人材にする目的や研修等の育成手法は、官民間で大きく異なりません。官民では人事諸制度も大きく異なる中、人材育成だけが共通言語として成立しているのです。価値観や課題、目的が同じであれば、他の組織で実施されている人材育成の施策は自組織でも一定の効果が生じる可能性は低くありません。

　また、「**研修効果**」が官民共通のキーワードとして挙げられます。官民ともに費用対効果や対外説明のため、効果の高い研修手法を求めています。

　例えば、民間でも自治体でも経理部門から研修の是非が問われます。経理は無駄な出費を抑えるために、切りやすい事業を探しているのです。特に**研修費用は有事の際は真っ先に切られる経費**です。有事を目の前にすると何も言えませんが、長期的な視点では未来への投資を狭める行為に他なりません。研修の必要性を説明してコンセンサスを得るには、論理的な説明に加え、他所比較も有効な手段となり得ます。先進事例や実績等の情報収集のため、お互いに学び切磋琢磨するため、研修担当にこ

そ官民問わない人的ネットワークの構築がお勧めです。

▶▶ 交流の場の探し方

　一口に「人的ネットワーク」の構築といっても、人材育成は人事や経営分野と強く関連しており、信頼できる相手以外には、なかなか話しにくいテーマかもしれません。特に自治体職員の感覚だと、他自治体の職員とはブロック会議での顔合わせや照会と回答を繰り返し、少しずつ信頼関係を構築する側面もあるでしょう。

　しかし、心配ありません。研修担当同士が交流する場では、研修の場で約束する「知り得た情報を会場外に持ち出さないこと」が徹底されています。また、お互いに断片的な情報だけで人材育成施策を導入する怖さがわかっているからこそ、筋の通らないことを避けるバイアスが強くかかっています。主な交流の場を3つご紹介しましょう。

①研修・講演
　研修担当者や人材育成担当者向けの研修・講演を指し、多くは単発開催で終わります。デリバリースキルの習得や効果測定の改善など、特定の目的で開催されるため、受講生同士の共通認識を持ちやすく、1日がかりのグループワーク等でメンバーと深く交流できる点が魅力です。

　一方、研修・講演はスキル等の習得が主目的であり、受講生同士の交流は副次的な効果とされ、研修設計によっては数人しか知り合えない場合もあります。

②セミナー・勉強会
　仕事終わりなどに短時間で開催されるセミナー・勉強会で、最近はオンライン開催が増えています。セミナー・勉強会は数回連続しての開催が多く、ワールドカフェ等により落ち着いた雰囲気での自由な対話が行われます。一定時間経過で別のグループになるなど、受講生同士の顔合わせが多くさまざまな意見が聞けるメリットがある一方、事後にメールのやり取りをしないと関係性が途絶えるなど、人的ネットワークの維持

にはある程度のケアが必要です。

なお、①や②から発展したアルムナイ・ネットワーク（退職したOB・OGによる同窓会）もあります。いずれも参加するハードルがやや高いものの、①と②の良いとこ取りが可能です。

③自主研究グループ

コアメンバーを中心に月1回程度開催される小規模な研究会です。研究会に属すためには、その研究会が開催しているイベントへの参加や研究会メンバーからの紹介が必要です。

自治体の研修関連では、2021年4月に設立された「**全国職員研修研究会**」などがあります。

▶▶ 民間企業との交流で得られること

民間企業との交流は、**人材育成トレンドの把握と新たな視点が得られる**点で有効です。私も民間主催の人事研修に参加し、「何よりも心理的安全性の確保を重要視するため、アイスブレイクに1時間以上かける」「事務職と製造の専門職で対立しやすいため、共通スキルのコミュニケーション研修の機会を増やす」などの新たな視点や手法を学べて大変有意義でした。

最近は、特に人材は企業にとって投資すべき資本と考える「**人的資本**」が世界的に注目されています。

日本でも人的資本が重要視されており、内閣官房は令和4年8月に「人的資本可視化指針」を公表し、人的資本の情報開示に対してどのような目標・指標等を設定して開示すればよいか取りまとめました。

この流れを受け、令和5年1月の「企業内容等の開示に関する内閣府令」等の改正により、大手企業約4,000社に対し令和5年3月決算以降から有価証券報告書で人的資本の開示が義務化されました。開示は「人的資本可視化指針」の中で人材育成分野、エンゲージメント分野等の7分野19項目が推奨されています。

すでに自治体も人事行政の運営等の状況を年に1度公表し、総務省等

の調査により全国比較可能な細かいデータを出していますが、人的資本を重要視する流れに沿った情報公開が求められるようになる可能性もあります。このような流れを見据え、能動的に動けるよう研修担当同士で人的ネットワークを構築しておくと互いに便利です。

▶▶ 自治体職員との交流で得られること

　自治体職員との交流は、**現在直面する課題へのアプローチを比較衡量する際**に役立ちます。また、同じ課題を抱えるため、深い議論や意見交換が可能な貴重な同志でもあります。

　例えば、コロナ禍を契機に、各自治体のDX担当は、情報共有しながら、組織間でのメリット・デメリットを比較衡量してDXを推進しています。昔から自治体運営が必要以上に疲弊しないよう、各自治体では他の自治体が取ったアプローチの効果が良かったか、学術論文等や海外の先進事例の中に答えがないかなどを探ってきました。もちろん、人口・気候・組織文化が異なる他自治体のアプローチをそのまま自分の自治体に適用することはできませんが、方向性を決める際の参考にはなります。

　まちづくり事例やハード面の施策は全情報が公開されているものの、人事施策や研修事業の全公開は稀です。人事情報そのものや試行中の人事施策は公開できません。また、研修事業は外部講師を招くと資料等に著作権が生じますし、内容によっては非公開の許認可基準等が含まれる可能性もあります。このような場合、自治体職員同士であれば情報の取扱いや公開・非公開の判別も可能であり、より詳細な施策の中身をヒアリングできます。

　私も最近、定年引上げに対応する研修の企画有無について、前出の「全国職員研修研究会」でヒアリングしました。「年度年齢60歳の職員を対象としたキャリアデザイン研修」をはじめ、「首長が直接職員を労い気持ちを新たにする研修」「ライフプランセミナーを含めた意見交換会」など試行中の事例が紹介され、研修効果の大小を議論するなど、建設的な情報交換を行いました。やはり、研修担当にとっては見えにくい情報も重要であるため、人的ネットワークの構築が一層必要に思えます。

7-5 ◎…内部講師を育てる・外部講師を見つける

▶▶ 内部講師を探す・育てるコツ

　講師選定は、研修担当の情報収集能力が試されます。

　まずは、研修担当が講師としてふさわしい人物像を決め、国や他自治体の審議会や研究会、民間の講義実績や地域での活動等を加味して複数人ピックアップします。その後、企画会議や首長・課長レクで研修効果や費用対効果の観点から審査し、最も適任の講師を選ぶのが一般的な流れです。

　研修内容から適任者が限定される場合（余人をもって代えがたい場合）は、講師選定に力を入れずに済むでしょう。しかし、現実には予算不足で外部講師に依頼できず、組織内部の誰かに講師を依頼せざるを得ない場合がもあります。他にも、組織の内部実情を深く知っているからこそ説得力があり、効果が見込める研修では、幹部職員等に講師を依頼する必要があるでしょう。

　このように、内部講師を選定する場合、研修担当になりたての方から「誰がどんな能力を持っているか探し方がわからない」「見つかったとしてもうまく断られてしまいそう」といった声が寄せられます。そこで、内部講師を探す方法について、大きく4つに分けてお伝えします。

①管轄部門からの推薦

　組織内に、研修内容を管轄する部門がある場合に有効です。特に財務会計、公文書作成、統計、DX、地域振興は管轄部門で積極的に研修を実施しており、地域ブロック会議等で外部の出講経験を持つ講師をストックしている可能性があります。

講師経験豊富な職員であれば実力証明が不要であり、受講生への説得力も担保できます。推薦をお願いする場合は、管轄部門の所管課長へ上司と共に足を運んで研修目的等を丁寧に説明しましょう。所管課長の協力が得られれば、トップダウンの指示となるため、後述する講師本人への依頼をスキップできます。

②人事部門からの推薦
　パフォーマンスの高い職員や特定の資格を持つ職員を講師としたい場合に有効です。多くの人事部門では人事評価によるハイパフォーマーや服務規程に基づき報告される資格情報、さらに行政改革チームメンバーのリストを持っています。

　先輩職員との対話や行政経営の課題に対するアイデア出しを行う研修では、ハイパフォーマーの職員を講師に選定するとよいでしょう。キャリアデザイン研修等の有資格者が必要な研修では、組織内のキャリアコンサルタント等に講師をお願いすると、研修内容を組織内の実情に合わせることができ、説得力が増します。さらに人事課からの推薦は、職場や本人が「仕方ないな」と渋々ながら受けてもらいやすいので出講調整も容易です。ただし、感情面では納得していない可能性があるため、丁寧な説明や頭を下げるなどのケアを忘れずに行いましょう。

③組織内の勉強会や若手リーダーへの接触
　所管が難しい課題や、組織でなく職員個人に講義をお願いしたい場合に有効です。例えば、「生成AI」等の走りの話題は、所管が決まる前は元SE等のスペシャリストに話を聞くべきですし、「自治体職員の生き方」や「上司との付き合い方」といった特定個人に紐付く話題は、個人の責任で話してもらうべきです。

　このような職員を見つけるために、まずは職員に興味を持ちましょう。自分の組織内にどんな職員がいるかを知るのが重要です。組織内で活躍する職員の把握は、時間外に行っている勉強会や若手リーダーへの聞き取りがお勧めです。勉強会の有無や開催状況は、組織内掲示板やメールである程度把握可能です。

積極的に広報していない勉強会は、会議室の利用状況やSNSで情報収集可能な場合があります。このような勉強会や集まりを主催している若手リーダーたちから、他の勉強会や講師にふさわしい人物を紹介してもらうのも有効です。

　なお、若手リーダーは積極的に情報発信しているため、見つけるのは容易です。他にも過去に採用部門や広報部門の企画で取り上げた職員に声をかける方法もありますが、話題や人物評価に時間差がある点に注意してください。

④タレントマネジメントシステムの活用

　有資格でモチベーションの高い職員を探すのに有効です。タレントマネジメントシステムとは、職員一人ひとりの能力、資格、経験等の人事情報を一元管理し、採用、育成（研修）、配置等の人材マネジメントに活用可能なシステムを指します。ランニングコスト等の費用が生じるものの、タレントマネジメントシステムの導入は、人事評価や人事異動等の効率化が図れます。

　職員自身が組織での活用を前提に資格や秀でた能力をシステムに登録するため、システムのマッチングではモチベーションが高い講師が見つかります。一方、スキルが高いものの講師未経験の職員も少なくないため、研修担当はその職員が**「講師を経験させて育てていく状態」**なのか**「すぐ講師を依頼できる状態」**なのかをヒアリング等で丁寧に確認する必要があります。

▶▶ どうしても内部講師が見つからない場合

　どうしても内部講師が見つからない場合、次にとる選択肢は新たに講師を育てるか、研修担当が講師になるかの二択です。

　いずれの選択肢を取る場合でも、講師候補にはインプット→アウトプット→評価→改善のPDCAを経験させて育てていく必要があります。

①インプット

　外部研修の受講や書籍の読み込みをさせます。人に教える手前、インプット期間は1か月程度確保するべきでしょう。インプット時に細かく報告させるなどのミニアウトプットをさせると、さらなる記憶定着を図ることができます。

②アウトプット

　研修本番の資料作成前に上司報告資料の作成を指示します。まずは研修部門の上司や直属の上司に説明できるか、その説明がわかりやすいか、上司からフィードバックを受けます。このフィードバックを活用し、説明を受ける側にとって「何がわからないのか」を意識して資料を作成できると有意義です。

　研修資料が作成できたら、次はデリバリースキルの確認です。講義のデモンストレーションを行い、進行スピード、声、表情、身振り手振り等のフィードバックを行います。特に人の前にあまり出た経験のない職員は早口で何を言っているかがわからない傾向があるため、事前に適切な話すスピードだけでも教えておくと丁寧でしょう。

③評価・改善

　研修本番後に収集するアンケートと本人の感想とのすり合わせを行います。アンケート結果は研修後まとまるまでに時間がかかるため、研修直後は運営側から講師に反省点をメモするよう案内します。

　複数回開催する場合は、反省点を「見える化」すると講義の改善が促され、最終回ではより質の高い研修が実施可能です。各回の講師の反省メモとアンケート結果を照らし合わせ、受講生がどう思っていたのかを明らかにすると、良かった点と悪かった点が明らかになるでしょう。

　なお、運営側ではアンケート結果をすべて把握して問題ありませんが、講師に渡すアンケート結果では講師への誹謗中傷等の自由記述は排除しましょう。技術やスキルが足りないとする意見は問題ありませんが、人格否定等は研修改善の視点で講師にフィードバックする必要がないからです。

▶▶ 外部講師を探す・依頼するポイント

　外部講師を探す・依頼するポイントは2つあります。

　1つは**「最初から完璧を求めない」**です。私たち自治体職員が引継ぎなしでは異動先で業務ができないのと同じく、外部講師も「何が目的か」「何をすればいいのか」「受講生はどんな人か」の説明を受けなければ、組織に合った研修になりません。

　十分な調整をせずに研修担当から「他のところでやっているとおりにお願いします」と投げてしまうと、研修担当が把握できない滅茶苦茶な内容になる可能性さえ生じます。

　最初から完璧な講師はいませんし、完璧な研修はできません。研修企画で定めた理想の講師像とある程度合致する人材を探し、調整を重ねて組織の実情に合わせていくのがベストです。

　もう1つのポイントは**「コミュニケーション」**です。外部講師は組織外の人ですから、「言われていないのでやっていません」が当然許されます。一方、研修担当は「プロなんだから、いちいち話をしなくてもうまくやってくれるだろう」と思いがちです。この意識のすり合わせができていないと研修が失敗するため、**ちょっとうるさいと思われるくらい十分なコミュニケーション**を心がけましょう。

　コミュニケーションを取るにあたっては、講師本人と事務方の両方と調整するのがベストです。外部講師が研修会社に所属している場合は、事務方と調整を重ねていたとしても、一部の情報しか講師に渡っていないパターンもあります。情報の非対称性に注意しながら、調整を重ねるのがお勧めです。

7|6 ◎…積極的に他部署へ頭を下げる

▶▶ 研修部門だけでは良い結果に結びつかない

　効果の高い研修をつくり上げるためには、研修担当個人の努力が必要不可欠です。しかし、いくら研修担当だけが、ひいては研修部門だけが頑張っても、効果の高い研修になるとは限りません。

　研修効果を高めるには主に、①受講生の動機付け、②質の高い内容、③研修前後の働きかけの3つが必要であり、これらをじっくり考える方法が研修企画です。受講生の動機、研修の質を高めるには講師との連携が、研修前後の効果を高めるには受講生とその上司の理解と協力が必要です。つまり、研修担当には組織内外の人々を円滑に巻き込む力が求められます。

　ここで注意したいのが「円滑に巻き込む」ということです。この「巻き込む力」という言葉のみを切り取り、他所に仕事を投げつけて「よし、巻き込んだぞ」と満足する人が少なからずいます。巻き込む力とは、部門の権威や契約関係等で単に仕事を割り当てるものではありません。丁寧な説明を行い、場合によっては頭を下げ、巻き込んだ相手が自ら進んで期待している役割を担い、主体的に行動してくれる関係を構築する力を指します。

▶▶ 公務員の世界にもある「ランク」

　人を巻き込む際に意識したいのが「ランク」です。ここでいうランクは、変化に注目する考え方である「プロセスワーク」の中で人間関係に影響を与える要素とされており、社会的ランクや心理的ランクなどがあ

ります。

　公務員の世界にも部門や職位によるランクが少なからずあります。皆さんも「経理や人事部門には頭が上がらない」「Ａ課長とＢ課長の許可を得ずにこの政策を走らせてはならない」などの感覚に覚えがあるのではないでしょうか。

　注目すべきは、ランクが高い人ほど自身のランクに無自覚で、ランクによる力を使った相手や場の影響や問題に気づきにくい点です。

　一方、**ランクが低い人ほどランクの影響力に敏感**で、自身のランクが低いがゆえの抑圧を感じます。この特性から、無自覚に行使されたランクの力は、ランクの低い人からの怒りを買い、組織間対立やゆるやかなボイコットが生じます。そのため、「ランクをなくしてしまえばよいのでは」と考えがちですが、フラット化する取組みは海外等で概ね失敗に終わっています。なぜなら、どんなにフラット化した組織でも必ず何かしらのランクが生じてしまうからです。また、ランクの高低がないと指揮命令の方向が一方向とならず、統制が難しい点も理由とされています。したがって、ランクの高い人がランクを意識して適切に行動するのが組織上の最適解とされています。

▶▶「頭を下げる」＝謝罪ではない

　研修部門は人事部門の一部に含まれることが多いため、ランクはやや高い部門になります。研修担当からのお願いは、お願いされる立場の人から一方的なランクの行使と捉えられるため、「頭を下げる」といった効果的なランクの行使が必要です。頭を下げる行為は謝罪と見なされがちですが、円滑なコミュニケーションツールとして用いるのをお勧めします。

　効果的なランクの行使は、頭を下げることだけではありません。

　「相手に感謝する」「行動をほめる」「信頼を示す」などの方法があります。**特に効果的なのが「目的の明確化」**です。人に動いてもらうには、具体的かつ動きやすい目的設定が必要です。組織上どんなに素晴らしい目的があっても、その職員がその目的に納得しているかどうかで、動く

スピードは異なります。お願いする相手には組織目的をわかりやすくかみ砕き、相手に適用できるよう具体的な目的に再設定し、期待する役割やメリットを伝え、納得して動いてもらうのが重要です。すでに述べたとおり、納得して動いてもらえないとランクに対する不満が募り、どこかで不和が生じる恐れがあります。

　研修部門の上司が調整を行って、最初から組織同士で納得したうえで進んでいる事項であれば、担当者同士で協力し合える関係づくりのために頭を下げましょう。そうしないと、担当者同士であるからこそ、無自覚にランクを行使しているように相手に捉えられがちです。

　また、こちらから一方的にお願いするばかりの関係でなく、**相手方からのお願いごとも率先して引き受ける**のを心がけましょう。担当者同士では「お互いさま」と言い合える関係づくりが重要です。

▶▶ 現場の所属長をどう巻き込むか

　研修効果を高めるには、受講生の上司の協力が必要ですが、無理やり上司を巻き込んでも、感情のわだかまりが生じ、なかなかうまくいきません。

　上司の立場からすると、研修は、人手不足の中で新たな業務を課す「厄介者」であり、研修受講で一時的にマンパワー不足を引き起こす「邪魔者」なのです。この際、研修担当は巻き込みたい上司に研修の目的や必要性を丁寧に説明し、理解を得ていくのが第一歩になります。しかし、それでも動きが鈍い上司も一定数います。これに対応するため、ランクの力を借りて、さらに上にいる現場の所属長を巻き込むのが次のステップになります。

　現場の所属長には、主に以下の2つの方法でアクセス可能です。研修担当は、いずれか、あるいは組み合わせて所属長にアクセスします。ただし、すべての研修ですべての所属長や上司を巻き込む必要はありません。高い研修効果には、それなりの人的コストが生じるため、どうしても高い研修効果が求められる研修に限定して巻き込むようにしましょう。

①全部長や主管課長が集まる会議を経由して所属長に呼びかける

「行政経営会議」「庁議」等の会議において、直属の所属長よりもさらにランクが上の人から指示をしてもらい、各部門の明確な指示命令系統の下で所属長と上司が動かざるを得ない状況をつくるものです。

ただし、この方法では、管理部門である部長や主管課長が研修目的等に理解を示す確率が高い一方、それを正確に下に伝えられるかが担保されません。会議資料を丁寧に作成し、組織内での伝達がしやすいよう工夫しましょう。

②現場の所属長も評価者として研修に巻き込む

これは所属長にも当事者として関わらせ、受講生や上司の動きをチェックさせるものです。この方法は、当事者意識をもって動いてくれる所属長であればうまくいくものの、所属長も上司も動きが鈍い場合は効果が出にくいデメリットがあります。

また、上司に加えて所属長がチェックするポイントを明確化しておかないと、所属長も何をすればよいかわからず効果が高まりません。現場の所属長は、受講生の直属の上司に比べて2分の1から4分の1程度の職数であるため、複雑な内容の研修であれば、所属長を集めて研修担当が丁寧に説明してもよいでしょう。

▶▶ 行政経営部門との積極的なコミュニケーション

研修部門にとって、行政経営部門は悩ましい存在です。

行政経営部門は、行政経営上の課題を解決するため、研修部門に対して研修の実施を求めてきます。行政経営部門は、首長や部長といったトップマネジメント層とコミュニケーションを取る機会が多く、首長等が考える組織内の課題の迅速な解決を迫られる立場です。

また、行政経営部門に研修機能があると、首長等が際限なく研修の実施を求めるため、組織全体が疲弊してしまいます。研修部門と行政経営部門で部門が分かれている理由は、首長等のオーダーを少なくとも2部門で精査して必要最低限の研修をつくり上げるためです。

行政経営部門とは積極的にコミュニケーションを図り、首長等の動向を把握するとともに着地点を探っていく必要があります。一方で、行政経営部門との付き合いには、先述した行政経営部門が開催する会議等でトップマネジメント層にアクセスしやすいというメリットがあります。

　会議の議題として研修の概要や目的を説明する機会を設ければ、トップマネジメント層を別に集める必要もありません。自治体によっては行政経営部門のランクが非常に高く、研修部門が苦しい思いをしているかもしれませんが、お互いに立場やランクを理解してなるべく良い関係が築けるよう、コミュニケーションを欠かさないようにしましょう。

7 ◎…研修受講で視野を広げる

▶▶ 研修を実施する者同士、学び合う

　これまで、研修担当にはデリバリースキルだけでなく、企画力や周りを巻き込む力、さらには人事や行政経営に関する知識を積極的に学ぶ姿勢が必要だと述べてきました。

　これだけたくさんのことが必要だといわれると、たじろいでしまう人も少なくないでしょう。そんな皆さんに朗報です。研修担当には学びの場が多く用意されています。特に研修担当者向けの研修は官民問わず開催されており、同じ価値観や認識を持つ人と知り合い切磋琢磨できる貴重な場となっています。ここでは研修担当者向け研修の中でも、私や周りの研修担当の先輩方が「参加してよかった！」と感じた研修を紹介します。

①「人材育成担当部局幹部セミナー」（総務省自治大学校）

　本セミナーは、例年11月頃に開催される3日間の宿泊研修です。組織の目指す人材や職員のキャリアシステム等、人材育成の考え方や課題等についての認識共有を目的に講義や意見交換が行われます。

　講義は研修の企画・立案及び運営を行うために必要な知識・技能の修得に重点を置いており、非常に心強いラインナップです。対象者は都道府県、市町村及び一部事務組合等の人材育成・研修担当部局の幹部職員（所長もしくは課長相当職）または中堅職員（課長補佐・係長相当職）です。

　一定の職以上のさまざまな自治体職員が集まる唯一無二の研修ともいえます。本セミナー受講のメリットは、**先進的な取組みを実施している**

自治体から直接講義を受け、施策等のポイントを職員に直接質問できる点です。先進自治体の他にも、人事院公務員研修所の所長や客員教授の講義もあり、国の意向も把握できる研修となっています。なお、本セミナーは総務省自治大学校の特別研修であるため、突然の廃止や受講希望者が少ない場合の開催見送りがある点をご承知おきください。

②「職員研修の企画と実践」（市町村アカデミー）

公益財団法人全国市町村研修財団が、市町村職員中央研修所（通称「市町村アカデミー」）で開催する研修です。

本研修は、中堅以上の市区町村職員を対象に開催されます。9日間の宿泊研修であり、ほぼ毎日演習班に分かれて講師から出題された課題等について、約2時間のグループ討議を行います。メリットは**職場から離れてじっくり人材育成が学べ、多くの仲間が得られる**点です。やや負担の大きい研修ではありますが、その分短期間で血肉になる経験が得られます。都道府県職員が参加できないのが残念ですが、参加した研修担当者は「大変参考になるカリキュラムであり、他の研修担当と知り合える貴重な場」と話していました。

③「これからの自治体人材マネジメント」（全国市町村国際文化研修所）

②と同じく、公益財団法人全国市町村研修財団が全国市町村国際文化研修所で開催する研修です。

3日間の宿泊研修で自治体における人材マネジメントを一通り学ぶことができます。対象は、人材確保や人材育成、行政経営等を担当する職員であり、他の研修に比べて参加しやすいメリットがあります。**また、採用など他では実施していない人事的な知識を学べる**特色があります。全国市町村国際文化研修所の研修は専門的なイメージがありますが、講師は元自治体職員の大学教授や現役自治体幹部職員などが多く、内容もかなり身近な印象です。本研修は都道府県職員も参加可能となっており、他にも研修対象が「○○を担当する職員」や「市区町村等の○○の職員」となっている研修の場合は都道府県職員も参加できる可能性があるため、教務部に問い合わせてみるとよいでしょう。

▶▶ 受講生の気持ちを理解する

　研修担当向けの研修だけでなく、どんな講座、セミナー、勉強会等に参加しても新たな「気づき」があります。

　皆さんが研修を行う立場であるからこそ、研修を受ける側に回ると、研修を運営する担当者や講師の動きを冷静に観察することができます。研修資料や内容には著作権が存在するため、二次利用してはいけませんが、観察した研修運営の動きなどは研修企画の参考にしてかまいません。

　研修担当だからこそ、さまざまな講座等に参加して、研修運営や講師としての引き出しを多く持てるようにしましょう。時間がない方には、最近はWeb上で比較的簡単に参加できる講座等が多く、学び放題のeラーニングサービスも参考になります。ここでは研修等の受講で参考にしたいポイントをいくつかご紹介します。

①**研修運営や講師の進め方**

　同じテーマの研修でも、運営する担当者や講師によって進め方は異なります。

　例えば、あなたがDX推進を担当し、中堅職員研修で講師を担当するとします。中堅職員研修であるため、「DXとは何か」「DXで誰に何をどこまで目指すのか」などの基本項目に触れながら、組織内のシステムに触れる内容になるかと思います。

　しかし、外部の講座等では学ぶ意欲や必要性を理解させるため、もっと危機感を煽ります。具体的には「DXをはじめ、変化に対応できない人はお荷物です、いりません」「少しでも効率化させなきゃいけないのに、いつまで同じことを続けるのですか」といった強い言葉です。他にも、勉強会等でテストを実施し、受講生に「いかに自分ができない人間か」を思い知らせる方法もあります。このように、人を動かすためにショックを与える方法は、外部の講座等を受けないと知ることができないかもしれません。

　ただし、直接取り入れると著作権や現場の受け入れ方に問題が生じます。自分が受講生として受けたときにどう思うか、よくイメージしたう

えで企画に活用しましょう。

②**講師のスキル**

　研修講師は、大学教授、地域の実践者、法人の代表、組織内で職位の高い職員など、さまざまです。研修講師はある意味教えるプロですから、自分が研修講師の初心者であるうちは、声のトーンや話すスピード、身振り手振りを参考にできれば一定レベルまで研修も改善できます。他にも、回答者の指名回数、質疑応答を入れるタイミングやグループワークの頻度等も不文律ながら参考にしたいポイントです。いくら本を読んでも音声や映像のタイミングや効果は理解しづらいところがあります。実際に受講者として研修を受けて、自分自身に響いた講師のデリバリースキルを参考にするのが最も効果的です。ただし、名物講師は個性が強いので参考にしすぎると悪目立ちしてしまいます。ここでも、あなた自身が受講生ならどう感じるかをイメージしましょう。

▶▶ 一番学びが必要なのは、研修担当

　研修担当は、「職員にやってほしいこと」を伝えて終わりではありません。いかに効果的に伝えるか、どうやって人を動かすか、人を動かした結果をどう測定するかなどを絡めて、研修企画、研修運営、効果測定をしなければなりません。実は、研修担当こそ一番学びが必要な存在なのかもしれません。

　組織は皆さんに期待をして、研修業務を担当させています。ときには責任に押しつぶされそうになることもあるかと思いますが、何とか時間をつくって外に出て仲間を得て、お互いに学びを深めながら研修担当の高みを目指していきましょう。

参考文献・ブックガイド

　基礎知識の習得に役立つ資料や書籍をご紹介します。

【総務省資料】
　検討すべき課題や先進事例等を知る手段として、総務省自治行政局公務員部と総務省自治大学校の公表資料を追うのがお勧めです。

○「地方公共団体における人材育成・能力開発に関する研究会　令和元年度報告書」（令和2年2月）
○「地方公共団体における今後の人材育成の方策に関する研究会　令和2年度報告書)」（令和3年3月）
○「地方公共団体における人材マネジメントの方策に関する研究会　令和3年度報告書」（令和4年3月）
○ポスト・コロナ期の地方公務員のあり方に関する研究会「地方公共団体における人材マネジメント推進のためのガイドブック」令和4年度（令和5年3月）
○ポスト・コロナ期の地方公務員のあり方に関する研究会「人材育成・確保基本方針策定指針に関する報告書」（令和5年9月）
○「人材育成・確保基本方針策定指針」（令和5年12月）
○総務省自治大学校「地方公務員研修の実態に関する調査」（令和4年3月）

【研修の基本書・入門書】
○中原淳著『研修開発入門──会社で「教える」、競争優位を「つくる」』（ダイヤモンド社、2014年）
　→人材開発・組織開発の研究者である中原教授の入門書かつ基本書
○中村文子、ボブ・パイク著『研修インストラクターハンドブック──効果的な学びをつくる参加者主体の研修デザイン』（日本能率協会マネジメントセンター、2017年）
　→デリバリースキル、ファシリテーションスキル等の総合的な基本書

○海瀬章・市ノ川一夫著『人事・教育担当者のための能力開発・教育体系ハンドブック』（日本能率協会マネジメントセンター、2017年）
　→人材育成基本方針や研修体系を策定する際にお勧め
○眞崎大輔監修、ラーニングエージェンシー編著『人材育成ハンドブック〈新版〉──いま知っておくべき100のテーマ』（ダイヤモンド社、2019年）
　→人材育成用語の辞書として使用するのがお勧め
○小林傑・山田博之・野崎洸太郎著『図解でわかる！　形骸化させない研修体系とスキルマップのつくりかた』（ディスカヴァー・トゥエンティワン、2024年）
　→求める職員像の解像度を上げ、研修体系につなげる手法等を図解

【研修の実践書】
○中原淳・島村公俊・鈴木英智佳・関根雅泰著『研修開発入門「研修転移」の理論と実践』（ダイヤモンド社、2018年）
　→研修の学びを職場で実践し、成果につなげる研修転移の実践を解説
○中原淳・関根雅泰・島村公俊・林博之著『研修開発入門「研修評価」の教科書──「数字」と「物語」で経営・現場を変える』（ダイヤモンド社、2022年）
　→研修評価の目的や方法、評価指標などについて詳しく解説
○中村文子、ボブ・パイク著『研修ファシリテーションハンドブック──参加者自らが学ぶ「場」のつくり方・運営の仕方』（日本能率協会マネジメントセンター、2020年）
　→研修講師として受講生の主体性を引き出す手法や心構えを解説

【インストラクショナルデザイン】
○中村文子、ボブ・パイク著『研修デザインハンドブック──学習効果を飛躍的に高めるインストラクショナルデザイン入門』（日本能率協会マネジメントセンター、2018年）
　→インストラクショナルデザインの基本書であり実践書
○鈴木克明著『研修設計マニュアル──人材育成のためのインストラク

ショナルデザイン』（北大路書房、2015年）
　→インストラクショナルデザインの学術理論を押さえたい方へ
○鈴木克明監修、市川尚・根本淳子著『インストラクショナルデザインの道具箱101』（北大路書房、2016年）
　→課題に対して適切な理論を探す際、辞書的に活用するのがお勧め

【研修アクティビティ】
○中村文子、ボブ・パイク著『研修アクティビティハンドブック――参加者のモチベーションを引き出す学習テクニック』（日本能率協会マネジメントセンター、2019年）
　→シーン別にすぐに真似できるアクティビティを多数紹介
○木村玲欧著『授業でも研修でもすぐに使えるグループワークのトリセツ』（北樹出版、2020年）
　→グループワークの回し方やネタを事例別に紹介

【組織開発】
○中村和彦著『入門　組織開発――活き活きと働ける職場をつくる』（光文社新書、2015年）
　→入門書であり新書のためサクッと読めて便利
○中原淳・中村和彦著『組織開発の探究――理論に学び、実践に活かす』（ダイヤモンド社、2018年）
　→思想的源流から手法の変遷までたどり、組織開発の本質と手法を学ぶ

【人事】
○木谷宏監修『ビジネス・キャリア検定試験標準テキスト　人事・人材開発　3級〔第3版〕』（中央職業能力開発協会、2020年）
　→研修（人材育成）が人事全体のどこに位置するか知りたい方へ
○坪谷邦生著『図解人材マネジメント入門――人事の基礎をゼロからおさえておきたい人のための「理論と実践」100のツボ』（ディスカヴァー・トゥエンティワン、2020年）
　→人事を中心に人材育成の全体像が図解で学べる

○北野唯我編著『トップ企業の人材育成力——ヒトは「育てる」のか「育つ」のか』（さくら舎、2019年）
　→HRテックを含む現在進行形の人事全体像がイメージできる

【トレンド】
○岡田淳志著『公務員が人事異動に悩んだら読む本』（学陽書房、2022年）
　→話題の「キャリアデザイン」を自治体職員視点で解説した基本書
○助川達也著『公務員のための場づくりのすすめ "4つの場" で地域・仕事・あなたが輝く』（公職研、2021年）
　→これからの自治体職員に求められる「場づくり」の実践書
○本間浩輔・吉澤幸太著『1on1ミーティング 「対話の質」が組織の強さを決める』 2020 ダイヤモンド社
　→ヤフーに1on1を導入したパイオニアである本間浩輔氏の実践書
○石井遼介著『心理的安全性のつくりかた 「心理的柔軟性」が困難を乗り越えるチームに変える』（日本能率協会マネジメントセンター、2020年）
　→組織づくりで注目の高まる心理的安全性の入門書
○川上真史・種市康太郎・齋藤亮三著『人事のためのジョブ・クラフティング入門』（弘文堂、2021年）
　→若手職員のエンゲージメント向上手段の1つが素早く学べる

【その他】
○鳥飼康二著『Q&Aで学ぶカウンセラー・研修講師のための法律　著作権、契約トラブル、クレームへの対処法』（誠信書房、2021年）
　→度々問題になる資料等の著作権をコンパクトに整理
○市川伸一著『学ぶ意欲の心理学』（PHP出版、2001年）
　→動機付けやモチベーションに悩む方へやる気を引き出す実用書

おわりに

　本書では、自治体業務の中でも言語化されにくい組織開発や人材育成の領域に焦点を当て、私自身の経験や勤務時間外での自主的な活動の中で感じたこと、学んだことを自治体で研修に携わる方々にお伝えしました。自治体の研修担当向けの書籍や情報は極めて少ないため、本書が暗黙知の言語化を進め、議論の活性化につながる一助となれば幸いです。

　私が人材育成、特に研修に強い関心を持つようになったのは、総務省自治大学校で大変お世話になった佐々木浩元校長の影響によるものです。佐々木元校長は、その人柄と深い知見をもって、全国から集まるさまざまな職員が最高のパフォーマンスを発揮できるように導く達人でした。私にとっては、学術理論と自治体現場での実践を結びつけてくれた恩師であり、研修を通じて人を育てる楽しさを教えてくださった方です。今も昔も、いつかたどり着きたい職員像として、尊敬し続けています。

　近年、自治体の財政状況はますます厳しくなっています。財政難の局面では、対外的な影響が少ない職員研修予算は真っ先にカットすべき予算とみなされます。しかし、ヒト・モノ・カネが減っていく中でも、自治体は地域を支える人材を育成しなければなりません。そのため、今後は研修の内製化がさらに加速すると考えています。そして、研修予算の必要性を訴えるうえでも、研修の内製化を進めるうえでも、本書で繰り返し述べた「研修目的」と「研修効果」の明確化が、これまでに以上に重要になるでしょう。

　最後になりますが、長野県で一緒に働く同僚の皆さん、全国職員研修研究会や一般社団法人公務員研修協会等を通じて貴重な知見を共有してくださる全国の公務員仲間の皆さん、そして佐々木元校長をはじめ、総務省自治大学校でお世話になった特別研修生や教授陣の皆さんに感謝を申し上げます。そして、いつも私を支えてくれる父と妻に感謝を捧げます。

　　令和7年3月

池田　一樹

●著者紹介

池田一樹（いけだ・かずき）

平成23年長野県庁入庁。令和2年に研修派遣として総務省自治大学校に勤務、全国の自治体職員が受講する講座の企画・運営に携わり、令和3年から長野県総務部職員キャリア開発課にて新規採用研修など多様な職員研修の企画・運営に携わる。自治体学会、地方行政実務学会及び全国職員研修研究会に所属。EPA（一般社団法人公務員研修協会）会員。

自治体の研修担当になったら読む本

2025年4月14日　初版発行

著　者　池田　一樹（いけだ　かずき）
発行者　佐久間重嘉
発行所　学　陽　書　房
　　　　〒102-0072　東京都千代田区飯田橋1-9-3
　　　　営業部／電話　03-3261-1111　FAX　03-5211-3300
　　　　編集部／電話　03-3261-1112
　　　　https://www.gakuyo.co.jp/

ブックデザイン／佐藤　博
DTP制作・印刷／精文堂印刷
製本／東京美術紙工

Ⓒ Kazuki Ikeda 2025, Printed in Japan
ISBN 978-4-313-16193-1 C2036
乱丁・落丁本は、送料小社負担でお取り替え致します

JCOPY 〈出版者著作権管理機構　委託出版物〉
本書の無断複製は著作権法上での例外を除き禁じられています。複製される場合は、そのつど事前に、出版者著作権管理機構（電話03-5244-5088、FAX 03-5244-5089、e-mail: info@jcopy.or.jp）の許諾を得てください。

好評既刊

自治体の企画政策担当になったら読む本
黒澤重徳［著］　定価＝ 2,970 円（10%税込）
政策形成や総合調整を担う枢要部門「企画政策担当」の実務を解説する唯一の本！

自治体の法規担当になったら読む本〈改訂版〉
塩浜克也・遠藤雅之［著］　定価＝ 2,915 円（10%税込）
例規審査を中心に必須の基礎知識と実務ノウハウを解説した好評ロングセラーの改訂版！

自治体の土木担当になったら読む本
橋本隆［著］　定価＝ 2,970 円（10%税込）
土木の基礎と道路・河川・橋梁の実務を豊富な図表を交えて解説した、担当者必携の1冊！

自治体の都市計画担当になったら読む本
橋本隆［著］　定価＝ 2,750 円（10%税込）
制度の基本から土地利用、都市施設、市街地開発事業、景観まで必須の知識を網羅！

自治体の財政担当になったら読む本
定野司［著］　定価＝ 2,750 円（10%税込）
予算・決算・地方交付税から起債管理・財務分析まで、財政担当の実務を詳解！

自治体の教育委員会職員になったら読む本
伊藤卓巳［著］　定価＝ 2,750 円（10%税込）
制度から実務まで詳解し、首長部局・学校現場との違いに戸惑う担当者をサポート！

自治体の議会事務局職員になったら読む本
香川純一・野村憲一［著］　定価＝ 2,750 円（10%税込）
本会議・委員会の進め方、審議における問題解決、調査・庶務のポイント等を解説！

自治体の課税担当になったら読む本
清原茂史・原田知典［著］　定価＝ 2,750 円（10%税込）
税の基礎知識、課税する額の出し方、担当としての心構えなど課税担当の基本を集約！